MANFRED VAN DOORN

Chakren und Tierkreiskräfte

W0415483

MANFRED VAN DOORN

Chakren und Tierkreiskräfte

Innere Entwicklung im Spannungsfeld der Archetypen

Aus dem Niederländischen von Agnes Dom-Lauwers

VERLAG URACHHAUS

ISBN 3-8251-7331-3

Erschienen 2001 im Verlag Urachhaus
© 2001 Verlag Freies Geistesleben &
Urachhaus GmbH, Stuttgart
© 2000 Manfred van Doorn
Umschlag: Ursula Weismann unter Verwendung einer
Lichtgrafik von Rolf Egloff, Wurmlingen
Grafiken: Studio Ron van Roon, Amsterdam
Druck: Offizin Chr. Scheufele, Stuttgart

Inhalt

Archetypen und Chakren

Im Lebenslauf eines jeden Menschen lassen sich eine Reihe von gemeinsamen Motiven erkennen wie zum Beispiel: den Ort finden, wo man hingehört, sich Konfrontationen stellen, Grenzen setzen lernen, Schmerz verarbeiten oder Genießen lernen. All diese Motive hängen mit dahinterliegenden Prinzipien zusammen, die von dem Schweizer Psychiater Carl Gustav Jung als Archetypen bezeichnet wurden. Sie sind nicht unmittelbar zu erkennen, sondern zeigen sich in der Weise, wie wir die Welt erleben und ordnen. Das tritt im physischen Bereich (z.B. in Begriffen wie hoch und niedrig, warm und kalt) zum Vorschein, aber auch im psychologischen Bereich (in polaren Begriffen wie Mutter und Vater, Freund und Fremder, Meister und Sklave) oder auch auf der spirituellen Ebene (der vernichtende gegenüber dem aufbauenden Gott, Engel oder Teufel).

In diesem Buch wird in jedem Kapitel jeweils ein Archetypus behandelt. Dabei werden diese Archetypen an die Bilder des Tierkreises gekoppelt, weil diese die ersten ›greifbaren‹ und aussagekräftigen Manifestationen der Archetypen sind. Dies bedeutet nicht, dass ein bestimmter Archetypus ausschließlich oder vor allem mit dem entsprechenden Geburtshoroskop verbunden ist. Den Archetypus Fische z.B. trifft man also nicht nur bei Menschen an, die in der Periode vom 20. Februar bis zum 20. März geboren sind, sondern in jedem Lebenslauf, wenn auch dessen Erscheinungsform von Individuum zu Individuum verschieden ist.

Die Tierkreisbilder folgen dem Lauf der Jahreszeiten und stellen daher eine organische Abfolge dar, die einem Menschen erkennen hilft, wo er an einem bestimmten Zeitpunkt seines Lebens steht und welches der nächste Lebensschritt sein könnte (ich sage ›könnte‹, denn man kann auch steckenbleiben, unter Umständen sogar ein Leben lang). Durchläuft man den ganzen Zyklus des Tierkreises, entsteht sozusagen eine Checkliste für die Motive, die zu einem bestimmten Zeitpunkt im Leben wichtig sind. So ist ein Mensch womöglich einige Jahre lang auf der Suche nach dem Ort, wo er sich zu Hause fühlt, physisch oder seelisch. Bei bestimmten Menschen wird dieses Lebensmotiv irgendwann von einem anderen abgelöst, andere wiederum bleiben ein Leben lang auf der Suche.

Jedes Kapitel dieses Buches hat einen ähnlichen Aufbau. Nach einer kurzen Charakteristik des jeweiligen Bildes und seines Verhältnisses zur Jahreszeit folgt eine Beschreibung der Rolle, die der jeweilige Archetypus in der Kindheit und frühen Jugend spielt. Anschließend werden die sieben Bereiche Erotik, Macht, soziales Leben, Individuation, klares Denken und schließlich die höchste Ebene, das Meditativ-Mystische der Reihe nach abgehandelt.

Der Kenner wird in diesen sieben Bereichen die sieben Chakren ausfindig machen. Diese stellen die verschiedenen Bewusstseinsstadien innerhalb eines Menschenlebens dar, die wiederum in jedem Archetypus aufzufinden sind. So begegnet man der Essenz des Archetypus Fische – nämlich die Fähigkeit, Verbindungen zu knüpfen – u.a. darin, ob man sich in der frühen Jugend willkommen gefühlt hat (1. Chakra); oder später im Einnehmen des persönlichen Platzes innerhalb des sozialen Lebens (4. Chakra), sowie in der Findung seines Platzes im Mysterium des Göttlichen (7. Chakra).

Die Betrachtungen sind bewusst kompakt und skizzenhaft gehalten, woraus hoffentlich ein gewisse anregende Wirkung resultiert. Wer sich tiefer in die geschilderten Phänomene einarbeiten will, sei auf mein Buch ›Unversal Man. Urmotive der menschlichen Biographie‹ hingewiesen, das ebenfalls im Verlag Urachaus erschienen ist.

Manfred van Doorn, Frühjahr 2000

Widder: Zwischen Tatkraft und Vorwärtspreschen

Dem Urbild des Widders begegnen wir im Jahreskreislauf am Anfang des Frühlings. Junge Sprosse dringen durch die ›Haut‹ der Erde, Knospen springen auf und das Vieh darf wieder ins Freie. Die Ikone des Widders stellt das Tier selbst dar, das für seine explosive Kraft bekannt ist. Aber dieses Bild trägt auch ein Versprechen für die Zukunft in sich; dadurch, dass der Widder immer mit nach hinten gewendetem Kopf dargestellt wird, ist die Hoffnung ausgedrückt, dass diese ungestüme Natur irgendwann lernen wird, auf seine Taten zurückzublicken.

Das entsprechende Symbol ist eine V-Form, die oben

in zwei Bögen auseinander geht. Oberflächlich betrachtet stellt dies die Hörner des Widders dar. Aber das Symbol deutet auch auf einen geistigen ›Einschlag‹ hin, auf ein geistiges Bild, das zur Tat, zur Initiative wird. Die V-Form kann man nämlich auch in umgekehrter Richtung interpretieren: Der Mensch ›rastet aus‹, wenn er seine Willenskraft nicht in Taten umzusetzen vermag. Die V-Form wird dann zum Springbrunnen, zur Fontäne.

Die essenziellen Qualitäten dieses Archetypus sind: Neigung zu explosionsartiger Heftigkeit, die einerseits zu Tatkraft, Initiative und zur Ausdehnung von Grenzen führen kann, aber andererseits auch zu Grenzverletzungen, Gewalt oder grober Destruktivität.

♈ *1. Chakra – Grundlegende Lebensprozesse: Widerstände überwinden*

Der Körperbereich, der vom Widder beherrscht wird, ist die obere Seite des Kopfes, nämlich Scheitel und Stirn. In der letzten Zeit, die das Kind in der Gebärmutter verbringt (die Embryonalzeit ist in ihrer Gesamtheit dem Archetypus der Fische zuzuordnen), ergreift das Kind die Initiative zur Geburt. Wenn alles gut geht, ist es bereits seit einigen Wochen mit dem Kopf nach unten ins Becken der Mutter eingetreten. Ebenso wie in der Natur die Häute um die Blattknospe zerreißen, reißen unmittelbar vor der Geburt die wasserhaltigen Häute der Fruchtblase ein. Bei der Geburt presst sich das Kind mit dem Kopf einen Weg durch den Geburtskanal, wobei es große Widerstände überwinden muss.

Der physische Widerstand kann sich während des Geburtsvorganges auf drei verschiedene Weisen manifestieren: in der Gestalt von flexiblen Grenzen, als Unterdrückung oder eben darin, dass er gar nicht vorhanden ist.

In einer gesunden Situation wird der Kampf des Kindes belohnt: der Gegendruck ist zwar groß, aber nicht unüberwindlich. Es stellt sich heraus, dass die Grenzen dehnbar sind, und die überwältigende Anstrengung wird von einer neuen Art zu leben belohnt, nämlich in Licht, Luft und Raum.

Manchmal aber ist der Kampf für das Kind zu schwer: Vielleicht hat es zu wenig Kraft oder die Mutter ist möglicherweise so verkrampft, dass sich die Beckenbodenmuskeln ungenügend dehnen lassen. Die Initiative des Kindes wird somit nicht belohnt oder es wird ihr sogar entgegengewirkt; dadurch erfährt das Kind auf einer ganz elementaren Ebene, dass es, wie stark es sich auch immer anstrengen mag, den Durchgang doch nicht aus eigener Kraft schafft.

Die dritte Möglichkeit besteht darin, dass eine Sturzgeburt stattfindet; der Muttermund ist bereits so weit geöffnet (was meistens nach mehreren Geburten der Fall ist), dass die Entbindung viel zu schnell verläuft. Dabei kann das Kind einen Schock erleiden, weil es nur einen geringen Teil seiner mobilisierten Kraft verwenden und umsetzen konnte. Aus diesem Grund wird ein solches Kind häufig nach der Entbindung tüchtig durchgeknetet und massiert, um es doch noch etwas vom Widerstand spüren zu lassen. Obwohl man nicht ohne Weiteres sagen kann, dass die Weise, wie ein Mensch geboren wird, bestimmend ist für seinen späteren Umgang mit Widerständen, so können wir doch die drei geschilderten Möglichkeiten – bewegliche Grenzen wahrnehmen, unterdrückt werden, übers Ziel hinausschießen – gewissermaßen als Metapher für die Art und Weise ansehen, wie ein Individuum mit Initiativen und Lebenskräften umgeht.

♈ 2. Chakra – Erotik: Initiativkraft

Die Grundlage der Erotik ist die Vitalität. Das aufwachsende Kind beschäftigt sich natürlich noch nicht mit Erotik, aber es ist doch auch ein das Leben genießendes, sensuelles Wesen. Es ist von Kind zu Kind ganz verschieden, inwieweit in ihm immer wieder neue Impulse aufkommen und inwieweit seine Umgebung es ihm erlaubt, diesen zu folgen und sie zu gestalten.

Beim Heranwachsenden zeigt sich die Wirkung des Widders darin, in welchem Maße der Mensch es wagt, die *Initiative zum Kontakt* zu ergreifen. Wie intensiv kann er seine Muskelkraft genießen und wie kräftig, spielerisch oder animalisch kann er die Kunst der Liebe betreiben? Auf diesem vitalen Gebiet spielt die Initiativkraft eine große Rolle: Wie subtil und wie expressiv wird das Spiel gespielt, handelt es sich um spielerisches Verführen, eindrucksvolles Imponieren oder um brutales Überwältigen oder sogar Vergewaltigen? In partnerschaftlichen Beziehungen spielt häufig die Frage der wechselnden Verteilung von Initiative, Ausdruck und Macht eine Rolle. Derjenige Partner, der nur selten die Initiative zum Sex ergreift, verfügt über die so genannte ›Macht des am wenigsten Motivierten‹. Das heißt, derjenige, der am wenigsten Lust auf Sex hat, kann entscheiden, wie häufig ›es‹ vollzogen wird. Sogar wenn der eine Partner sich durch das stärkere Bedürfnis des anderen zum Nachgeben gezwungen sieht, ist doch immer die Qualität des Geschehens davon abhängig, inwieweit beide ihre eigene Initiativkraft und elementare Willenskraft ausleben können. Niemand wird durch ›Aufblaspuppensex‹ wirklich befriedigt.

♈ *3. Chakra – Macht: Inspirieren und Unterdrücken*

Der Widder als seelische Kraft bewirkt, dass wir es genießen, Dinge zu *verursachen*. Das Geben von Impulsen, die zu bestimmten Ereignissen führen, bestätigt uns in unserem Dasein. Beim Erwachsenen kommt die Widderwirkung auf der Machtebene in der Frage der *natürlichen Autorität* zum Tragen: Verfügt die Führungspersönlichkeit über eine Fülle interessanter und guter Ideen, oder besitzt sie vor allem die Kraft, ihren Willen durchzusetzen? Häufig handelt es sich um eine Kombination beider Aspekte. In diesem Fall stellt sich die Frage, ob so ein Mensch nach der Verwirklichung

Henry Ford mit seinem ersten Automobil

einer Initiative auch tatsächlich zur Ruhe kommt und reflektierend ›zurückschauen‹ kann. Manche Menschen mit dem Widder als Lebensmotiv sind dazu nicht im Stande, weil sie zu unruhig sind. Sie würden krank werden, wenn in ihrer Umgebung nichts los wäre; sie fühlen sich veranlasst, Konflikte heraufzubeschwören oder neue Herausforderungen zu suchen, um dadurch eine tiefere Art von Unruhe zu überspielen.

Im Extremfall führt dies zum kleinen Diktator oder zum tragischen Pionier, der seine eigene Initiative oder seinen Betrieb selbst zugrunde richtet. Ein klassisches Beispiel ist Henry Ford, der den Vorsprung, den sein Betrieb hatte, verspielte, weil er nicht auf die guten Ideen seiner Entwerfer hören wollte. Als sie ihm die farbigen

Skizzen des legendären ›T-Modells‹ zeigten, gab er selbst der Initiative den Todesstoß mit dem Satz: ›Ein T-Modell darf jede Farbe haben, solange sie schwarz ist.‹

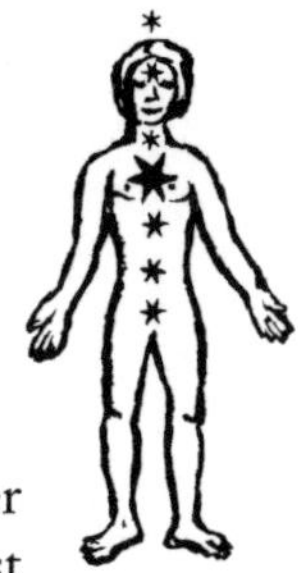

♈ *4. Chakra – Soziales Leben: Spontaneität oder Abstumpfung?*

Im zwischenmenschlichen Verkehr gelten subtile, aber überaschend elementare Gesetze. Für ein Gespräch ist z. B. eine Art von Weisheit erforderlich, die kaum zu analysieren ist, nämlich *kultivierte Spontaneität.* Man wird sich dieser Fähigkeit gerade dann bewusst, wenn man sich aus dem selbstverständlichen Strom des Gespräches zurückzieht. Welches Thema schneidet man an? Was passt zu dem Grad von Intimität, den man mit einer Gruppe oder einer Person hat? Soll man ein bestimmtes Risiko eingehen? Wie lange kann man das Wort führen? Wie lange kann man sein Gegenüber anschauen? Ist der Gesprächspartner noch interessiert und umgekehrt: Ist man selbst noch an ihm interessiert? Anhand dieser Fragen wird deutlich sichtbar, wie das Gegenbild des Widders, die Waage, immer bei der Entscheidung mitbeteiligt ist, ob eine bestimmte Initiative ergriffen werden kann oder nicht. Dieses ständige Abwägen bedeutet natürlich eine Gefahr für die eigene Impulsivität; wenn aber dieser Aspekt fehlt, so führt dies zu plumpem, unsensiblem Verhalten.

In menschlichen Beziehungen geht es hauptsächlich darum, wie stark diese ›soziale Unsensibilität‹ hervortritt. Natürlich kann ein Gesprächspartner z.B. gelegentlich für einen anderen antworten, aber wenn ein solches Verhalten generell der Ausdruck einer starken Dominanz oder eines Machtkampfes ist, so sollte man sich dies auf keinen Fall gefallen lassen. Auf ihr Verhalten angesprochen, wird die dominante Partei nicht selten zu ihrer Rechtfertigung vorbringen, dass sie nur auf diese Weise sie selbst sein kann, dass sonst alles zu Tode analysiert wird und dass der andere sich eben kräftiger behaupten müsse. Diese Vorwürfe sind nicht ganz unberechtigt, denn würde die dominante Figur sich im sozialen Verkehr demonstrativ zurückhalten, so würde vielleicht schmerzhaft deutlich werden, wie stark die ganze Gruppe auf sie angewiesen ist, was Unterhaltung und Einfälle betrifft. Die übrigen Beteiligten sind somit aufgerufen, spontaner und offener zu werden.

♈ *5. Chakra – Individuation: Lebenschancen wahrnehmen*

Im seelischen Bereich werden wir auf dieser Ebene mit der Frage konfrontiert: Wie kann ich ich selbst sein? Welche Initiative ist wann am geeignetsten? Sage ich, was mich stört, oder halte ich den Mund? Kündige ich meine Arbeitsstelle oder halte ich durch?

Auf geistigem Gebiet wächst im Menschen vielleicht die Einsicht, dass sein eigenes ursprüngliches Individuum eben nicht aus den Talenten besteht, die er entfaltet oder nicht, sondern aus dem gesamten Zusammenspiel von Entscheidungen und Initiativen. Die eigene Individualität wird im großen Bogen der Biografie, im Gefühl für das rechte Timing und im Umgang mit Unerwartetem sichtbar.

Auf der Stufe der Individuation kann sich die Selbsterfahrung umwandeln. Die zentrale Frage lautet dann nicht länger, ob man ein Selbst ist, das Initiativen ergreift, sondern vielmehr, ob man ein Mensch ist, der die Chancen erkennt und wahrnimmt, die das Leben ihm bietet, ganz gleichgültig, ob die Chancen als Initiativen, als Impulse aus dem eigenen Körper aufsteigen oder aus der Außenwelt stammen.

♈ *6. Chakra – Klares Denken: Denken mit Handlungscharakter*

Auf dieser nächsthöheren Ebene erkennt man den Widderimpuls darin, dass das Denken Handlungscharakter erlangt. Als sich im 19. Jahrhundert die Wissenschaftler auf die Suche nach einem Lösungsmittel für Kautschuk machten, meinten sie mit Formeln und Berechnungen ans Ziel zu gelangen. Nur ein Denker wählte eine andere Methode. Thomas Edison, auf dessen Konto bereits viele Erfindungen gingen, sammelte alle damals bekannten Lösungsmittel und legte ein Stückchen Kautschuk in jede dieser Flüssigkeiten. Stieß er auf eine lösende Wirkung, experimentierte er weiter mit Mischen und Reinigen, bis er schließlich buchstäblich die ›Lösung‹ gefunden hatte.

Edison, Pionier des praktisch-aktiven Denkens

Im gewöhnlichen Leben zeigt sich diese Fähigkeit in der Gestalt der praktischen Fantasie. In Gedanken führen wir ein Gespräch, machen eine Reise, heiraten, trennen uns oder sterben sogar. Bei manchen ist diese Fantasiekraft so stark entwickelt, dass der Wirklichkeit nichts anders übrig bleibt als zu gehorchen: Was wir denken, geschieht.

♈ *7. Chakra – Mystik: Ein- und ausstrahlendes Licht*

Hier haben wir es erneut mit der V-Form der Widdersymbolik in ihrer doppelten Ausrichtung zu tun, wobei vor allem die untere Spitze betont wird. Die religiöse Erfahrung kann mit einem Blitzeinschlag verglichen werden. Die Energie fließt dabei von oben nach unten. Ändern wir die Richtung der Bewegung, so sprudelt das Licht aus unserem Körper hervor. Wir sehen nun, wie sich die Fontanellen (wörtlich: ›kleine Springbrunnen‹), die sich im ersten Lebensjahr geschlossen haben, auf energetischem Gebiet wieder öffnen als das Kopfchakra. In solchen Momenten strömt das Licht in uns hinein und aus uns heraus, was von manchen Menschen tatsächlich wie ein Blitzeinschlag erlebt wird. Dies sind auch die kurzen Augenblicke, in denen wir wirklich wahrnehmen, wie schön die Welt ist. Es passt zum explosiven Widdercharakter, dass es sich hier immer nur um blitzartige Erfahrungen handelt. Das Glücksgefühl, das diese Art von Erlebnissen begleitet, ist zwar nicht dauerhaft, aber im Augenblick selbst kommt es einem so vor, als sei es zeitlos.

Stier: Zwischen Durchsetzen und Abstumpfen

Im Lauf des Jahres hat das Urbild des Stieres seinen Platz zwischen der explosiven Kraft des Widders und der überschwänglichen Differenzierung der Zwillinge. Die Knospen der Bäume haben bereits ausgeschlagen und jetzt steht die Weiterentwicklung und Intensivierung der Lebensprozesse im Vordergrund.

Der Stier als Naturbild wird mit der Muskelkraft und dem Durchhaltevermögen der Rinder in Verbindung gebracht. Dabei spielt vor allem die Verdauungsfähigkeit, – eine Kuh hat vier Mägen – mit der sie zähes Gras in Milch und Fleisch umzusetzen wissen, eine Rolle. Dass der Mensch der Kuh ohne weiteres ihre Milch raubt und das Fleisch des Rindes als seine Nahrung betrachtet, scheint typisch für dieses Tier zu sein, denn auch in der mythologischen Tradition hat der Stier zu leiden. Er wird z.B. von einer Hornisse oder einem Skorpion (seinem Gegenpol im Tierkreis) gequält.

Das Symbol des Stieres ist dem Widdersymbol nah verwandt. Beim Widder bilden die Hörner eine V-Form, wobei die Bewegung von außen nach innen verläuft, während sich beim Stier unter den Hörnern ein Kreis befindet. Es liegt nahe, den Kreis als Bild des dickeren Bauches des Rindes oder Symbol eines Mundes zu betrachten. Man kann das Symbol aber auch in bestimmter Hinsicht mit dem ›Mondenstier‹ in Verbindung bringen, der zwischen seinen sichelförmigen Hörnern den Vollmond trägt; sowohl der Mond als auch der Stier werden mit Lebensprozessen und Zellteilung assoziiert.

Grundqualitäten des Stieres sind: Willenskraft, Ausdauer, Stoffwechseltätigkeit, Vorliebe für Harmonie und Aufbau. Schattenseiten sind: Gefräßigkeit, Abhängigkeit, Selbstverlust, Abstumpfung und die Neigung, sich vor den Karren eines andern spannen zu lassen.

♉ *1. Chakra – Frühe Jugend: In der Stimmung des Stieres leben*

Nach der Geburt (die als Archetypus dem Widder zugeordnet wird), ist das Kind viele Wochen lang kaum etwas anderes als ein einziger Verdauungsorganismus: Es trinkt, schläft und scheidet aus. In kurzer Zeit vervielfacht es sein Gewicht, noch bevor es stehen und sprechen kann. Bis dahin macht es sich mit einfachen Lauten verständlich, die vor allem dann eingesetzt werden, wenn es sich unwohl fühlt. Die Erzieher müssen eine große Einfühlungsgabe aufbringen, um abzuspüren, was das Kind braucht. Diese notwendige Verschmelzung ist am ausgeprägtesten während des Stillens; das Kind trinkt aus dem Leib der Mutter. Ruhe und Harmonie sind dabei die wichtigsten Voraussetzungen. Die Mutter muss sich ebenso wie ihr Kind der ›Stierstimmung‹ hingeben.

Die negativen Wirkungen liegen aber ständig auf der Lauer. Es ist zum Beispiel möglich, dass sich die Mutter wie eine kleine Milchkuh vorkommt und sich vorzeitig aus ihrer Rolle zurückzieht. Oder das Kind hat vielleicht einen schwachen Stoffwechsel, sodass es ständig von Schmerzen oder Hunger geplagt wird. Vielleicht fehlt die nötige Ruhe und Ausgeglichenheit, sodass der Verdauungsorganismus des Kindes sich auf diese Umstände einstellt und sich entsprechend verhält: Weil die Milch ›Gift‹ enthält, muss dieses mit verdaut werden. Im späteren Lebenslauf wird sich dies in der Tendenz zeigen, in Disharmonie und Vorwurfshaltungen zu verharren. Ein solcher Mensch hat nicht wirklich gelernt, auch ›Milch‹ aufzunehmen, die nicht ›verunreinigt‹ ist, das heißt, er hat sich bereits daran gewöhnt, menschliche Wärme und Nähe vor allem in einer solchen Form zu assimilieren, dass sie mit einem ›Streitpotenzial‹ kombiniert ist.

In einer partnerschaftlichen Beziehung drückt sich dies beispielsweise darin aus, dass jeder der Partner gerade aus den heftigen permanenten Reibereien und obwohl ständig hässliche Bemerkungen fallen trotzdem den Schluss zieht, dass man dem anderen noch etwas bedeutet. Ein treffendes Beispiel davon ist Edith (gespielt von Jean Stapleton) in ihrer Ehe mit Archie Bunder in der amerikanischen Fernsehserie *All in the Family*. Sie strebt nach Harmonie, schluckt aber viel ›Gift‹ und bewegt sich dabei am Rande der Stumpfsinnigkeit.

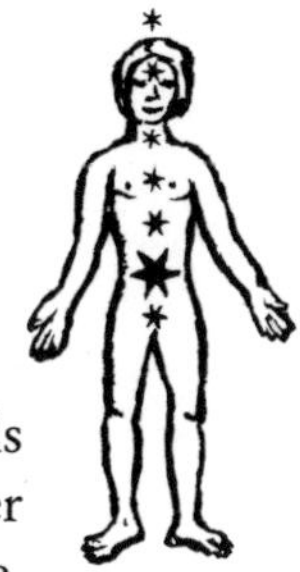

♉ 2. *Chakra – Sensualität und Erotik: Aufbauender Genuss*

Das Urbild des Stieres ›herrscht‹ über den Mund als Eingang zum Verdauungskanal. Zuerst saugt der Mensch als Kind mit dem Mund und macht Geräusche. Danach lernt er beißen und sprechen. Später folgen das Küssen und schließlich die oralen Formen der Sexualität. Ist es nicht im Grunde ein merkwürdiges Phänomen, dass zwei Erwachsene am Mund und an den Geschlechtsteilen des anderen herumnuckeln? Diese stark erregende und die Sinne prickelnde Seite oraler Erotik kann man am besten aus der Perspektive des Gegenbildes des Stieres, des Skorpions, verstehen, während die ernährende und vitalisierende Seite eher der Stierwirkung entspricht. Denn es gibt eine Art des Genusses, die uns *aufbaut*: Werden wir gestreichelt, so werden wir in unserem Dasein bestätigt; die Haut wird stärker durchblutet und die Muskeln massiert.

Die problematische Seite dieses Vorgangs hat ihren Ursprung darin, dass dieses Ernährt-Werden immer auch einen gewissen Regressionsprozess auslöst. Der Mensch wird passiv und träge. Dies kann zu zweierlei Problemen führen. Entweder fühlt sich einer der Liebenden zu wenig ernährt bzw. er erschrickt vor der eigenen kindlichen Abhängigkeit oder der seines Partners. Die andere Möglichkeit besteht darin, dass im Bereich des Stieres viele schmerzhafte Geheimnisse verborgen sind. Entspannt sich der Mensch bei liebevoller Pflege, so können diese ans Licht gelangen und bei ihm eine unerklärliche, wortlose Wut bis hin zum Schmerz hervorrufen.

Um die aufbauende Vitalität des Stieres zu spüren, brauchen wir nicht unbedingt einen anderen Menschen. Ein Spaziergang in der Natur kann eine ähnliche sensuelle Nahrung bieten. Diese Wirkung tritt am stärksten ein, wenn es uns gelingt, nicht allzu viel zu grübeln, sondern uns für die Umwelt zu öffnen und mit ihr zu verschmelzen. Das, was uns früher die biologische Mutter gab, schenkt uns nun Mutter Natur.

♉ *3. Chakra – Macht: Ausdauer siegt am Ende*

Auf der Stufe der Macht gilt der Slogan ›Wer durchhält, gewinnt‹. Steht der Widder für Initiativkraft, so steht der Stier für Ausdauer. Jemand kann zwar eine gute Idee haben, aber sie wird erst dann Realität, wenn sie Hand und Fuß bekommt. Im Bereich des Stieres hat der Mensch einen ›langen Atem‹. Schritt für Schritt baut er an Haus, Betrieb und Familie. Hier werden Macht und Kompetenz noch konstruktiv eingesetzt.

Die Schattenseite zeigt sich auf verschiedene Weisen. Die erste ist die Unfähigkeit, vergessen zu können. Das, was unverdaulich ist, stößt einem immer wieder auf und wird ausgespuckt. In einer Beziehung führt dies zu Schwierigkeiten mit dem Vergeben- und Vergessenkönnen. Immer wieder werden alte Geschichten wiedergekäut. Damit verwandt ist der Vorgang, dass man sich in etwas hineinsteigert und kein Ende findet: Man erkennt seine Grenzen nicht und überrollt die anderen. Das dritte Problemfeld hängt mit der Abhängigkeit zusammen. Wir können einen Menschen abhängig von uns machen, wenn wir ihm das geben, nach dem er sich sehnt. Aber wir können auch über einen Menschen Macht ausüben, indem wir ihn spüren lassen, dass wir abhängig von ihm sind.

Ein düsteres, häufig eingesetztes Machtspiel besteht darin, dass man es fertig bringt, einen anderen Menschen so weit zu treiben, dass man ihn buchstäblich nur noch ankotzt. Man kann sich dermaßen anhänglich oder abstoßend verhalten, dass der andere einen nicht länger mehr ertragen kann. Die Unfähigkeit, auf eine gesunde Art mit der eigenen Sehnsucht nach Wärme umzugehen, pervertiert sich in ein Machtspiel, wobei man den anderen dazu zwingt, einen unsympathisch zu finden.

♉ *4. Chakra – Soziales Leben: Verschmelzung von Leben und Tod*

Auf dieser Ebene haben wir es mit dem ›sozialen Künstler‹ zu tun, dem sozialen Zauberer, der die Gabe besitzt abzuspüren, was der Mitmensch braucht. Diesen Typus erkennt man zum Beispiel in dem Mitglied einer Gruppe, das immer im richtigen Moment das richtige nette Wort sagt, oder in einem Menschen, der stets etwas Leckeres zum Kaffee mitbringt. Hierher gehört auch der rituelle Charakter der Mahlzeit, der Zeitpunkt des Tages, an dem alle für eine kurze Zeit mit demselben Vorgang beschäftigt sind und jeder sich eingesteht, dass er Mensch ist. Natürlich ist es eine intime Angelegenheit, den anderen beim Kauen und Schlucken zuzuschauen. Wir sind taktvoll zueinander, indem wir nicht ausdrücklich auf den Mund des anderen schauen, und wir teilen es dem anderen diskret mit, falls etwas vom Essen an den Lippen hängen geblieben ist.

Aber die gemeinsame Mahlzeit hat noch eine tiefere Bedeutung. Eine Mahlzeit ist grundsätzlich eine Form der Kommunion. Alle Tischgenossen haben Teil an derselben Opferhandlung. Sie alle nehmen etwas auf, das für sie seines Lebens beraubt worden ist (wobei es gleichgültig ist, ob die Nahrung pflanzlicher oder tierischer Natur ist). In dieser Hinsicht wirkt in der aufbauenden Kraft des Stieres gleichzeitig die vernichtende schmarotzerhafte Kraft des Skorpions. Leben und Tod sind unzertrennlich miteinander verbunden. Gerade im Stier erleben wir diese Verschmelzung, die letztlich für die ganze Menschheit gilt: Ebenso wie eine Mutter ein feines Gespür für ihr Kind hat, sind wir im Stande einander zu erfühlen, bewusst oder unbewusst. Das gesamte soziale Leben ist auf diesem unsichtbaren Kräftefeld der *gegenseitigen Verbundenheit* aufgebaut. Womöglich fühlen wir einander viel stärker als wir uns eingestehen wollen. Vielleicht erleben wir in den quälenden Träumen, die wir manchmal haben, die grausamen Erfahrungen, die Mitmenschen anderswo auf der Welt machen. So ist möglicherweise auch die Ruhe und Harmonie an einem Ort der Welt mit der Disharmonie an einem anderen Ort verbunden.

♉ *5. Chakra – Individuation: Die eigene Lebensgeschichte durchleben*

Auf dieser Ebene besteht die Aufgabe darin, das Leben in seiner ganzen Fülle in sich aufzunehmen. Häufig sind wir nicht in der Lage, die gemachten Erfahrungen sofort zu verarbeiten. In einer bedrohlichen Lage z.B. befinden wir uns bisweilen in einer dermaßen verletzlichen Position, dass wir nicht im Stande sind, wirklich verärgert, ängstlich, betrübt oder erfreut zu sein, sodass wir die Verarbeitung aufschieben. Häufig versinken diese nicht geäußerten Gefühle bis tief in den Bauch, den Unterleib hinein. Diese aufgestauten Erinnerungen werden von der Seele so umgewandelt, dass sie wie ein Stein auf uns lasten oder eine Art seelischen ›Pfropf‹ bilden.

Ebenso wie eine Katze einen Haarballen oder eine Eule ein Gewölle herauswürgt, können bei jedem Menschen kritische Momente auftreten, in denen sein Bauch zu zittern anfängt und er das zu verdauen versucht, was aus dem Unterleib aufsteigt. Wird er in einem solchen Augenblick stöhnen oder schluchzen, seine Fäuste ballen und sagen, was ihn belastet? Wer kennt nicht die sentimentalen Momente, die durch eine Passage eines Buches, Filmes oder Musikstücks hervorgerufen werden? Hat man Glück, so lässt man das aufkommende Gefühl zu, ohne im Voraus zu wissen, um welches es sich handelt. Denn häufig wird der Verdauungsstrom dadurch gestört, dass man erst Charakter und Ursprung der Emotionen ergründen will. Manchmal gelingt es einem durchaus zu erkennen, was einen so stark berührt und wie es mit seinem eigenen Leben zusammenhängt. Bisweilen wird man aber auch feststellen, dass man Gefühle in sich trägt, die man nicht einordnen kann. Sind es verborgene Erinnerungen aus der frühen Jugend? Erinnerungen an ein vergangenes Erdenleben? Oder ist man damit beschäftigt, stellvertretend für die Menschheit etwas zu verarbeiten? Wahrscheinlich enthält jede Lebensgeschichte von alledem ein bisschen. Gerade das Zustandekommen und Durchleben der eigenen Lebensgeschichte macht uns zum Individuum, zu einer einzigartigen Schöpfung universeller Komponenten des Menschseins, die jeder Mensch im Dienste der Menschheit verdaut.

Ein gutes Beispiel dieser Art ›stellvertretender Verdauung‹ trifft man in den Talkshows der Amerikanerin Oprah Winfrey an. Die Gäste verarbeiten dort ihren

Oprah Winfrey

Schmerz und das Publikum leidet mit. Oprah selbst trägt übrigens viele Aspekte des Stierthemas in sich: wiederkäuen von unverdautem Schmerz, jahrelanges Durchhalten einer täglich stattfindenden Show und natürlich auch ihre körperlichen Essprobleme.

♉ *6. Chakra – Klares Denken: Musikalisches Bewusstsein*

Auf dieser Ebene wirkt die Kraft, die den Stoffwechsel aktiviert: Schwingungen, Klänge und Frequenzen. Viele Theorien gehen davon aus, dass Materie eine verdichtete Form von Schwingung oder Klang ist. Die Verdauung der Nahrung könnte man als die Neuordnung von

Klangbildern sehen. Dieser Prozess verläuft besser, wenn wir selbst Laute von uns geben. Wir brauchen nur Menschen zuzuhören, die mit Appetit essen und dabei M-Laute machen (›Mmh, das schmeckt!‹). Auch die Verdauung von Erfahrungen geht besser, wenn eine Emotion von den entsprechenden Lauten begleitet wird. Häufig dauert stiller, aufgestauter Kummer länger als Schmerz, der sich in einem lauten Weinkrampf Luft macht.

Klares Denken aus der Stierqualität heraus ist durch ein musikalisches Bewusstsein gekennzeichnet, das ein ›Auge‹ für Verhältnisse, Harmonie und Disharmonie hat. Das, was man im mehrstimmigen Singen im wortwörtlichen Sinn übt, entwickelt man auf dieser Ebene als Gefühl für den Rhythmus der Ereignisse. Man spürt, wie bestimmte Ereignisse in der Luft hängen und sich anbahnen. Diese Fähigkeit könnte man als eine Art ›Hellwissen‹ oder vielleicht sogar als ›Hellhörigkeit‹ bezeichnen. Von außen betrachtet scheint es sich um eine nahezu magische Qualität zu handeln, aber innerlich erlebt man sie gar nicht als eine solche. Ebenso wie in einem Musikstück bestimmte Töne fast zwangsläufig aufeinander folgen müssen, sind im alltäglichen Leben viele Begebenheiten auch vorhersehbar. Wer ein ›musikalisches Ohr‹ dafür hat, empfindet dies wie eine selbstverständliche Fähigkeit.

Genauso kann man auch von einem Gefühl für die ›Komposition von Ereignissen‹ sprechen. Viele soziale Beziehungen drücken sich räumlich und fast musikalisch aus. Man sieht z.B. einen Menschen, der eine bestimmte Körperhaltung hat, und man erkennt, welche

Gegengebärde als Ergänzung notwendig wäre. Man braucht dabei nicht unbedingt zu wissen, was in diesem Menschen vorgeht; das eigene Gefühl für Form und Gegenform sagt einem, was die ›soziale Komposition‹ als Gegenstück braucht.

♉ *7. Chakra – Mystik: Harmonie der Sphären*

Auf dem Gebiet der Synästhesie, die Teil der mystischen Erfahrung ist, erleben wir Licht, Bewegung und Emotion als Musik, während wir Musik als eine Art Raum erfahren können. Die Bewegung der Planeten oder der kleinsten Teilchen wird wie ein einziges großartiges Musikstück erlebbar. Es ist das, was der Physiker Fritjof Capra als ›tanzende Wu Li-Meister‹ oder die alten Pythagoräer als ›Harmonie der Sphären‹ bezeichnen.

Auch in der Soma-Mythologie der Hindu kommt die mystische Ebene des Stiers in typischer Weise zum Ausdruck. Indem die Menschen das Leben erfahren, liefern sie den Göttern eine Substanz (Soma), die von diesen getrunken wird. Intensiv lebende, wahrhaftige Personen liefern bessere Soma, ebenso wie Kühe, die nach biologisch-dynamischen Gesichtspunkten gefüttert und gehalten werden, bessere Milch geben. Wer es wagt, sich mit den Göttern zu identifizieren, wird nicht nur zur kleinen ›Milchkuh‹ der Götter, sondern auch zur Gottheit, die die Frucht der Erfahrung trinkt.

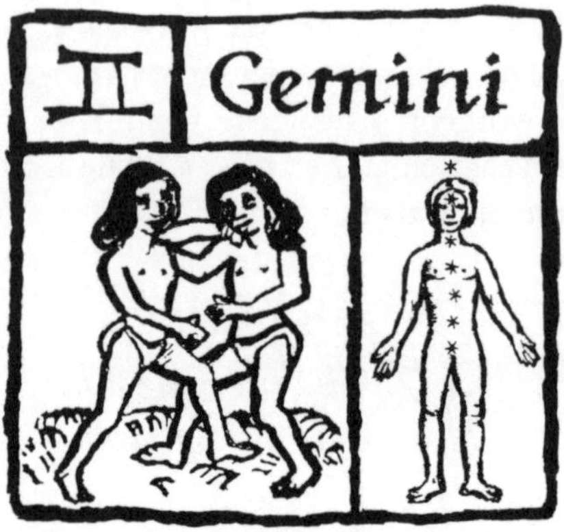

Zwillinge: Zwischen Kreativität und Spaltung

Wir befinden uns nun in der Endphase des Frühlings mit seiner sprießenden Blumen- und Blütenpracht. Unsere Sinne werden auf angenehme Weise gereizt, es ist oft schönes Wetter und doch noch nicht so heiß, dass wir uns gegen die Sonne schützen müssen. Die Energie ist beweglich und hell. In der Astrologie wird diese Periode, die vom 21. Mai bis zum 21. Juni dauert, mit dem Tierkreiszeichen Zwillinge verbunden, das nicht umsonst in der Pluralform steht. Eine kurze Charakteristik des Archetypus, die hinter den Zwillingen wirksam ist, muss folgende Elemente umfassen: Formenvielfalt, Kreativität, bewegliches Bewusstsein und Verspieltheit, aber auch Spaltung, Scheidung, Gedächtnisverlust und Untreue.

Das abstrakte Zeichen der Zwillinge ist eine römische zwei: II. Das dazugehörende Bild stellt einen Jungen und ein Mädchen dar, die miteinander spielen. Dieses Bild stammt aus dem späten Mittelalter, als das Christentum die alchemistische Symbolik von Anstößigem reinigte. Davor stellte die Ikone ein kopulierendes Paar dar. Hiermit wurde symbolisiert, dass aus Zweien gleichzeitig Eines entstehen kann und durch Befruchtung wiederum ein Drittes.

Ⅱ *1. Chakra – Frühe Jugend: Du und die Welt*

In der psychologischen Entwicklung des Menschen tritt die spaltende Wirkung zum ersten Mal auf, wenn ihm in der Kindheit bewusst wird, dass seine Person und die Welt voneinander getrennt sind. Konkret findet dies statt, wenn das Kind laufen lernt. Es eröffnet sich ihm eine Vielfalt an Möglichkeiten, aber auch an Gefahren. Das Kind kann hinfallen oder sich verirren. Es kann sein, dass es zurückbleibt, wenn seine Eltern ihm drohen, weiterzulaufen, falls es sich nicht beeilt. Das Kind wird sich seiner eigenen Mobilität bewusst und damit auch seiner Einsamkeit und Angst. Diese Gefühle werden durch einen anderen Aspekt der Zwillinge verstärkt, nämlich dadurch, dass die Fantasie in Gang kommt. Ungeheuer unter dem Bett tauchen auf, Unfälle werden lebhaft fantasiert. Eine kreative Lösung für den drohenden Verlust der bis dahin immer anwesenden Eltern ist die hingebende Liebe an Gegenstände, die dem Kind ermöglichen, dass es sich nicht so einsam fühlt. Oft sind dies die sprichwörtlichen ›Kuscheltiere‹, ohne die viele Kinder nicht gut schlafen können. Dieses Erschaffen eines so genannten ›Übergangsobjekts‹ wird ermöglicht durch die Fähigkeit zum Symbolisieren, eine ausschließlich menschliche Fähigkeit, die gleichzeitig mit dem Sprechenlernen in Gang kommt.

In der Periode, in der das Kind laufen und sprechen lernt, erfährt auch das kreative Denken einen mächtigen Aufschwung, nicht zuletzt deshalb, weil der Wortschatz außergewöhnlich stark zunimmt und das Kind leichter im Stande ist, Begriffe zu kombinieren. Die andere Seite des Sprechenlernens ist, dass es nun in einer bis dahin verschmolzenen traumartigen Welt Trennungen vornimmt. Eine ziemlich einschneidende Unterscheidung ist zum Beispiel die zwischen Gut und Böse. Zunächst spielt sie sich noch ausschließlich auf der Überlebensebene ab: Das Kind lernt unterscheiden zwischen essbar und giftig, sicher und gefährlich und damit verbunden die Trennung zwischen ›erlaubt‹ und ›verboten‹. Im späteren Lebenslauf bildet dies das Fundament für das Denken in Begriffen von ›gut‹ und ›böse‹. Jetzt muss jeder Mensch für sich herausfiltern, wie er für sich selbst mit diesem interessanten Gegensatzpaar umgeht beziehungsweise welche Entscheidungskriterien ihm von den Moralvorstellungen der Gesellschaft aufgedrängt werden.

Das Kind muss in den ersten vier Lebensjahren außergewöhnlich viel aufnehmen. Eines der Probleme, mit denen es konfrontiert wird, ist, dass es die Eltern immer besser kennenlernt und dadurch auch zum ersten Mal bewusst (es verfügt nun über Worte und Begriffe dazu) ihre unsympathischen Seiten am eigenen Leib erfährt. Anfänglich neigt das Kind zum schnellen Vergessen und Vergeben. Wird es aber zu häufig schlecht behandelt, so ergreift es unbewusst Gegenmaßnahmen. Es spaltet z.B. die Eltern in einen guten und einen schlechten Elternteil auf oder gibt sich selbst die Schuld, um dadurch das Bild der Eltern heil zu erhalten. Oder es wird vielleicht den Ärger, das gefühlsmäßig ›Schwarze‹, so viel wie möglich verdrängen. Im letzteren Fall findet eine Spaltung statt zwischen ›weiß‹ und ›schwarz‹ sowie zwischen bewusst und unbewusst. Die Erinnerungen eines solchen Menschen sind dann einseitig positiv. Aber später im Leben kann dies umschlagen. Eines Tages wird er sich womöglich an den verdrängten Schmerz so intensiv erinnern, dass alle guten Erinnerungen wiederum versinken. Das Schwarze wird nun zum bewussten Inhalt und das Weiße wird verdrängt. Während der allmählichen Reifung der Persönlichkeit ist es unser Auftrag, alle ambivalenten Gefühle, die in uns leben, immer stärker seelisch zu integrieren. Menschen können gut und zugleich schlecht sein; Erinnerungen können abwechselnd schmerzlich und schön sein.

Je gewalttätiger – in seelischer und/oder physischer Hinsicht – es in der Jugend zugeht, desto stärker wird die ›spaltende Kraft‹ mit dem Ziel eingesetzt, in der eigenen Persönlichkeit getrennte Bewusstseinsschichten zu erzeugen. Es entsteht dann z.B. ein abgespaltener, rachsüchtiger Teil, ein betrübter, verletzter Teil und ein naiver, fröhlicher Teil der Persönlichkeit, der aber nur

Goldie Hawn – weibliches Bild der Leichtigkeit, aber auch der Unruhe

mittels starker Verdrängung aufrecht erhalten wird. Dies kann bis zur so genannten multiplen Persönlichkeitsstörung führen.

Bei einer verhältnismäßig harmonischen Entwicklung zeigt sich die Zwillingskraft im Genießen der eigenen Kreativität. Schöpferisch-Sein ohne Ziel oder Auftrag ist an sich schon so schön, dass das Resultat häufig einfach wieder vernichtet wird. Es geht nicht um das Ergebnis, sondern um den Prozess. Im Laufe des Lebens äußert sich dies in unserer Freude, sich einen Scherz oder ein Wortspiel auszudenken oder das Komische einer Situation zu erkennen. Die Fähigkeit, vergessen zu können und hinterher munter weiterzuleben, hat beim spielerischen Menschen nichts mit Verdrängung zu tun, sondern eher mit dem Gefühl, dass er jedes Mal tatsächlich ein anderer ist.

♊ *2. Chakra – Erotik: Bisexuelle Orientierung*

Bereits im jungen Alter, aber doch eigentlich erst ausgeprägt ab der frühen Pubertät, wirken die Zwillinge auf das Bewusstsein der eigenen sexuellen Identität ein. Kennzeichnend für den Übergang zur Erwachsenheit ist die Ambivalenz gegenüber der eigenen Geschlechtsidentität. Im einen Augenblick versuchen zwölfjährige Jungen bereits ein wenig tiefer zu sprechen, um bei Telefonanrufen zu vermeiden, dass man sie für ein Mädchen hält, im anderen Augenblick schmiegen sie sich wiederum bei einem der Eltern auf den Schoß. Manche Mädchen kompensieren ihre flachen Brüste mit Füllungen im BH, während sie ein Jahr später mit gekrümmten Schultern daherkommen, um ihre echten Brüste zu verbergen. Ein tragikomischer Aspekt der Pubertät ist, dass zwar jeder Jugendliche eine eigene Identität entwickeln möchte, gleichzeitig aber eine tödliche Angst davor hat, von der Gruppennorm abzuweichen.

Ein anderes Charakteristikum der Zwillinge im Bereich dcr Erotik ist die bisexuelle Veranlagung des Menschen. Für den Jugendlichen ist diese Gegebenheit eine Quelle der Angst, insbesondere davor, es könnte sich herausstellen, dass er homosexuell ist. Außerdem variiert bei manchen die sexuelle Bevorzugung von Periode zu Periode.

Das Paradoxe an dieser Situation ist, dass der Mensch beim Erwachsen-Werden gerade indem er sich selber seine Veränderlichkeit eingesteht, unverbrüchliche

Treue zu sich selbst entwickelt. Zu diesem Bereich gehört selbstverständlich auch die Frage, wie treu der Mensch seinem eigenen Partner sein will und ob er es schafft, dies in Übereinstimmung mit der Treue gegenüber seinen eigenen Bedürfnissen zu bringen. Das Ideal besteht natürlich darin, einen Weg zu finden, diese sich scheinbar widersprechenden Formen der Treue auf einer höheren Ebene harmonisch zu vereinigen.

♊ *3. Chakra – Macht: Teile und herrsche*

In der unterschiedlichen Art und Weise, in der Menschen Macht aufeinander ausüben, erkennen wir das *spaltende* Prinzip der Zwillinge: das ›teile und herrsche‹. Menschen gegeneinander aufhetzen, sich bei der einen Person über die andere beklagen, Informationen zurückhalten – dies alles sind Techniken, die dem ›Spalter‹ das Gefühl geben, Ereignisse zu beherrschen, indem er Menschen gegeneinander aufhetzt.

Auf diese Weise pflanzt man oft anderen Menschen Gefühle und Ideen ein, die eigentlich in einem selbst zu Hause sind. Auch auf energetischem Gebiet verspürt man manchmal, wie man eine negative Energie von sich abspaltet und diese einem anderen Menschen einimpft. Man kommt z.B. missmutig nach Hause und sobald sich die üble Laune auf einen anderen Hausgenossen übertragen hat, fühlt man sich besser. Wenn jemand Angst hat, diese Angst aber selbst nicht erkennt, kann es sein, dass er sich so tollkühn verhält, dass seine Mitmenschen anfangen, seine Angst ›vertretungsweise‹ mitzutragen. Ein anderes Beispiel: Wenn man sich permanent zu freundlich aufführt, reagieren andere Menschen auf die Dauer irritiert.

Eine andere Weise, wie sich das Zwillingsprinzip auf der Ebene des Erwerbs von Macht manifestiert, kommt dann zum Vorschein, wenn ein Mensch eine Scheinpersönlichkeit aufbaut, die zwar eine Zeit lang anziehend und inspirierend auszusehen scheint, hinter der sich aber eine Menge Unrat ansammelt. Dieses Verstecken von unerwünschten Seiten der Persönlichkeit kostet letztendlich so viel Energie, dass ein Durchbruch des verdrängten Schattens unvermeidbar ist. In gewalttätigen Beziehungen z.B. ist derjenige, der Missbrauch ausübt, manchmal tagsüber ein liebenswürdiger Mensch, dessen Verhalten aber abends nach ein paar Gläschen Schnaps ins Gegenteil umschlägt. Zu diesem Typus gehören auch die sozial beliebten Figuren, die aber zu Hause Tyrannen sind.

Auf der Ebene der Macht lautet der Auftrag also, den eigenen Schatten kennen zu lernen und ihn in den Griff zu bekommen. Sich einer verbotenen Begierde nach Macht bewusst zu werden und sie innerlich zuzulassen ist zwar beängstigend, es wirkt aber bisweilen auch sehr befreiend. Es verstärkt auf jeden Fall die Treue gegenüber der eigenen Wahrheit und macht den Menschen vielseitiger.

♊ *4. Chakra – Soziales Leben: Den Reichtum der Welt genießen lernen*

Das Ausleben des eigenen Schattens ist natürlich keine Endstation. In dem Maße, in dem die Persönlichkeit reift, nimmt das Bedürfnis nach Macht zu Gunsten des Verlangens nach zwischenmenschlichen Werten wie Erziehung, Spiel und Inspiration ab. Statt die Betonung auf die Spaltung zu legen, geht es nun zunehmend um *Kommunikation*. Je stärker man selbst wird, desto besser wird man es ertragen, dass jeder Mensch unterschiedliche und oft gegensätzliche Eigenschaften hat. Die oben geschilderte Qualität der Treue manifestiert sich nun auch in Fragen bezüglich Ehrlichkeit und Authentizität: Wie viele deiner Erfahrungen teilst du mit anderen Menschen, wie viel hältst du zurück? Mit anderen Worten: Wie treu bist du deiner eigenen Meinung? Und wie treu bist du jemandem, wenn du ihm gegenüber Informationen zurückhältst?

Ein anderer Aspekt, der in diesem Bereich mitspielt, ist die Suche nach einer inspirierenden Umgebung und nach möglichst großer Lebenserfahrung. Hier entsteht sofort eine Spannung zwischen Breite und Tiefe. Sich an einen Partner oder Arbeitgeber zu binden kann manchmal sehr vertiefend sein. Aber es gibt auch den Fall, dass sich häufig nach Jahren herausstellt, dass der treue Gatte oder Arbeitnehmer einen großen Teil der Welt gar nicht kennen gelernt hat und erst zur weiteren Selbstentwicklung gelangt, wenn er einmal mit anderen Partnern und Arbeitsumgebungen zu experimentieren beginnt. Die andere Seite ist genauso wahr: Man kann sich in der Vielheit verlieren und somit die Chance auf Vertiefung und Intimität verpassen. Denn jemand, der mich schon viele Jahre kennt und bereits Verbindungen zu meiner Lebensgeschichte besitzt, kann mir möglichlicherweise einen Spiegel vorhalten, einen Spiegel, den ich vermeide, wenn ich immer wieder neue Kontakte suche.

Das Resultat eines solchen Lernprozesses besteht u.a. darin, dass man lernt, den Reichtum der Welt zu genießen. Die Lebenserfahrung führt zu einem gewissen ›Kennerblick‹, mit dem man die Mitmenschen betrachtet, als ob man in einen Spiegel blickt. Man lernt erkennen, dass es wesentliche Unterschiede in Temperament, Charakter und Lebenseinstellung gibt. Gleichzeitig erlebt man hinter der unendlichen Vielheit allmählich das, was den Menschen eigentlich ausmacht, sein eigentliches Wesen.

♊ *5. Chakra – Individuation: Je individueller, desto universeller*

Wie stark und unverwechselbar wir uns selbst als Eigenwesen erleben hat nichts damit zu tun, dass wir uns nur auf eine einzige Maske oder soziale Rolle festlegen. Im Gegenteil: Wenn wir Glück haben, erfahren wir innerhalb der eigenen Persönlichkeit stetige Veränderung, nicht nur im Laufe der fortschreitenden Jahre, sondern auch je nach der Situation, in der wir uns befinden. Die

Dynamik der Zwillinge verhilft einem zu dem Bewusstsein, dass man verschiedene Rollen spielt, dass man z.B. beim Bäcker ein ganz anderer Mensch ist als beim Arzt, dass man am Arbeitsplatz ein anderer ist als zu Hause usw.

Das führt grundsätzlich zu der Doppelfrage: Wer bin ich *wirklich* und wie kann ich mir selbst treu sein? Die Ansichten darüber, was ›echt‹, authentisch ist, gehen auseinander. Für manche Menschen wird die Einzigartigkeit der persönlichen Geschichte eines Menschen von der besonderen Kombination einer großen Anzahl von ›Masken‹ bestimmt. Ihrer Meinung nach ist die Suche nach dem so genannten ›wahren Kern‹ des Menschen genauso unfruchtbar wie die Entfernung der Schalen einer Zwiebel auf der Suche nach einem Kern. Mit anderen Worten: Die Essenz der Zwiebel befindet sich in den Schalen. Andere wiederum sind der Meinung, dass sich in der Vielfalt der Unter- oder Teilpersönlichkeiten durchaus ein Kern befindet. Die Rollen, die jemand nach außen spielt, sind schließlich viel weniger intim als diejenige, die er in seiner Privatsphäre einnimmt. Nach dieser Auffassung besteht dieser Kern aus einem intuitiven Wesen, das sowohl unglaublich liebevoll, kräftig und verantwortungsvoll sein kann als auch kindlich spontan und verletzlich. Dieses Wesen wird oft als ein universelles bezeichnet: der göttliche menschliche Kern, der Buddha oder der Christus in uns. Das Paradoxon lautet also: Je individueller der Mensch, desto universeller.

Individuation bedeutet neben Kennenlernen auch Reinigung der eigenen Persönlichkeit. Eine unendliche

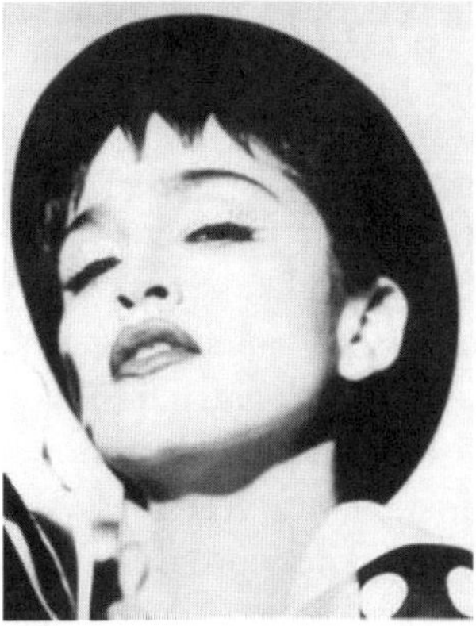 

Ein Mensch mit unendlich vielen Gesichtern: Madonna

Reihe von Mitmenschen und Ereignissen macht uns zu dem, der wir sind. Manche Eigenschaften gehören wirklich zu uns, andere wurden uns eingeredet oder aufgedrängt. Im Umgang mit den anderen Menschen sollten wir uns fragen, welche Eigenschaften wirklich Bestandteil unseres Wesens sind und welche wir uns selbst lediglich darum zuschreiben, weil dies uns oder anderen gut passt. Umgekehrt sollten wir uns natürlich auch ständig fragen, was wir unsererseits auf andere projizieren. So besteht die Grundlage einer fruchtbaren Freundschaft häufig darin, dass wir viele Eigenschaften des anderen Menschen kennen, dass wir aber auch viele Gesichter von uns selbst zeigen und – vor allem! – dadurch den anderen als Menschen in all seinen Fassetten anerkennen und schätzen können.

♊ 6. *Chakra – Klares Denken: ›Brainstorming‹ ohne Ego*

Je mehr es der Mensch schafft, sich seinen eigenen Subpersönlichkeiten gegenüber frei zu fühlen, desto stärker kann er den kreativen Strom von Gedanken genießen, den er in sich selbst spürt, wenn er sich einfach so weit wie möglich dafür öffnet. Es handelt sich hier um die Fähigkeit eines ›brainstorming‹, das so verläuft, dass man dabei sein Ego nicht blockierend wirken lässt. So beschreibt der Kabarettist Freek de Jonge, dass er sich während eines Auftritts gar nicht anzustrengen braucht, sondern sich auf einen außerhalb von ihm verlaufenden sich bewegenden Strom kreativer Gedanken einlässt.

Beim Älterwerden droht die Gefahr, sich in feste Muster zu verstricken. Schaffst du es durch Übung, deine Gewohnheiten zu ändern? Wie spielerisch bist du noch? Wie witzig bist du? Denkst du dir manchmal Wortspiele aus? Kannst du dich selbst auf den Arm nehmen? Mit den verschiedensten Arten von Menschen umgehen? Unterschiedliche Launen sich abwechseln lassen? Diese Art zu leben hat aber immer auch ihre Schattenseite, nämlich die Gefahr der Verzettelung oder, im schlimmeren Fall, der Zerrissenheit. Ständig werden wir vor die Herausforderung gestellt, in der Vielfalt den roten Faden nicht zu verlieren. Hier haben wir es mit der Umwandlung der oben genannten Treue zu tun; es geht hier um die ›Treue zum eigenen Kurs‹.

Robin Williams verkörpert wie kaum ein anderer die Fähigkeit, viele flüchtige Erscheinungsformen zu suggerieren. Zugleich kann er fast geringschätzig-relativierend über zuvor von ihm gespielte Rollen sprechen.

♊ 7. Chakra – Mystik: ›Es‹ denkt im Menschen

Je stärker man sich dem kreativen Strom des Universums öffnet, desto mystischer wird das alltägliche Leben. Meistens handelt es sich hierbei nicht um einen ruhig fortschreitenden Prozess. Manchmal überschreitet man die Bewusstseinsschwelle nach einer Periode der intensiven Meditation, nach einem heftigen Fieberanfall oder nach übermäßigem Haschischkonsum. Mit ›Mystik‹ bezeichne ich eine Form der Erfahrung, die dem Dasein Tiefe verleiht, die das gewöhnliche Denken übersteigt und somit kaum zu beschreiben ist. Der Leser sei gewarnt, dass dieser letzte Abschnitt ein Versuch ist, diese

Erfahrung, die nicht in Worte zu fassen ist, dennoch zu beschreiben. Vielleicht meint man zunächst, Mystik sei von der alltäglichen Erfahrung weit entfernt. Ich bin aber der Überzeugung, dass jeder Mensch täglich solche Erfahrungen hat, dass er aber nicht genügend Muße hat, um deren Kraft zu erleben. Man braucht nur an den Augenblick des Aufwachens zu denken. Viele Menschen berichten, dass sie erst wie durch eine gestaltlose Lichtwelt gehen, bevor sich der Alltag zurückmeldet.

Öffnet sich der Mensch systematisch für diese Art Erfahrungen, so wird er merken, dass er nicht selbst denkt, sondern dass ›Es‹ in ihm denkt. Macht er solche Erfahrungen ohne Vorbereitung, so kann dies zur Geisteskrankheit führen oder zumindest zu einem Zustand, der oft als solche betrachtet wird.

Die Kunst des Mystikers besteht darin, sich im Alltag weiterhin wie ein verantwortungsvoller Mensch zu verhalten, während er sich in seiner intimsten Erfahrung schon längst gestorben weiß. Dies geschieht meistens, nachdem er seinen führenden Geist oder seine führende Energie gefunden hat. Er öffnet sich nun dieser Kraft in einer solchen Weise, dass er zu einem Kanal wird, den diese Kraft benutzt. Treue metamorphosiert sich dann in Geweiht-Sein. Seine Aufgabe besteht nun vor allem darin, sich selbst ›rein‹ zu halten als Medium, als Wahrnehmungs- und Kommunikationsorgan für dasjenige, für das er eigentlich geboren ist. Immer stiller wird dann der eigene Kern und immer reicher das Bewusstsein, das durch ihn hindurch strömt.

Während der Vorbereitung auf diesen Bewusstseinszustand sollten wir lernen, sich all dem liebevoll zu widmen, was wir lieben. Um dieses Objekt unserer Liebe besser kennen zu lernen, müssen wir versuchen, jenen Augenblicken unseres Lebens auf die Spur zu kommen, in denen wir das Gefühl hatten, dass uns am nachhaltigsten geholfen wurde und wir die tiefsten Inspirationen bekamen, Augenblicke also, in denen der Schwerpunkt unseres Schicksals liegt. Auch ist es wichtig, dass wir mit starken Ängsten umzugehen lernen, weil der Weg in einem Vorstadium dieses mystischen Bewusstseins buchstäblich durch die Vorhallen der Hölle führt. Wer den überwältigenden Reichtum der Schöpfung in seine Seele einlassen will, darf vor deren zerstörerischen Seiten nicht zurückschrecken.

Das Zwillingsprinzip ist das Prinzip der Kreation und der Mannigfaltigkeit. Die Schattenseite davon ist die Zersplitterung, das, was C. G. Jung ›multiplicatio‹ nannte: Wiederholung ohne Differenzierung. Was Dante als die verschiedenen Höllenkreise beschrieben hat, wird dabei erlebbar. In dieser Region begegnet man unter anderem seelenlosen Verdoppelungen, Klonen, die das spirituelle Substrat der industriellen Entwicklung sind. Wir betreten ein mythologisches Universum mit einer unendlichen Menge an Irrlichtern und Drachenköpfen. Würde man mit einem Psychiater über solche Erfahrungen reden, so wäre sein Rezept vorhersehbar: ein Antipsychotikum.

Hinter diesen höllenartigen Erfahrungen liegt das, was in der indischen Mythologie ›das Juwelennetz‹ genannt wird. Nach dieser Auffassung spiegeln sich alle Menschen in jedem einzelnen Individuum wider. Weil jeder wiederum ein Juwel ist, das alle anderen spiegelt, entsteht ein unendlicher Reichtum an funkelnden Juwelen. Das, was in der Hölle als negative Zersplitterung erlebt wird, verwandelt sich auf dieser Ebene in das Erleben unendlichen Reichtums: die Erfahrung, dass du alles bist, aber alles andere auch gleichzeitig ›du‹ ist.

Der Zugang zu diesem ›Internet‹ geistigen Lichts vermittelt eine ungeahnte Glückserfahrung, von der man sich manchmal über längere Zeit erholen muss, weil das Erleben und die Erinnerung daran dem Körper sehr viel abverlangt. Hier liegt auch der Grund, warum man häufig Menschen vor dieser großen Glückserfahrung zurückschrecken sieht.

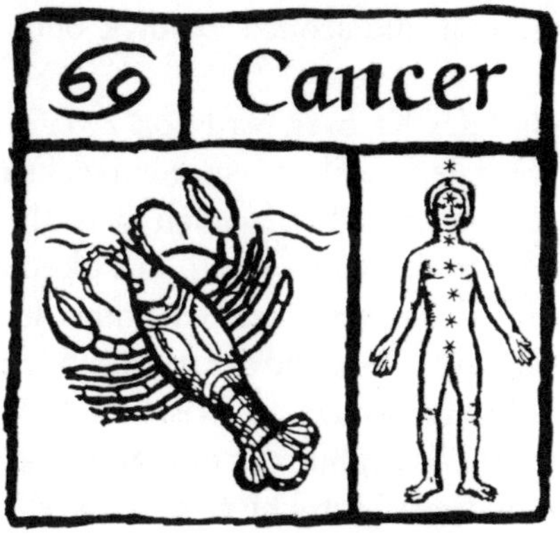

Krebs: Zwischen Panzerung und Erfahrung des göttlichen Willens

Die Bedeutung eines Tierkreisbildes ist mit dem jeweiligen Platz, den es im Jahreslauf einnimmt, untrennbar verbunden. Der Krebs wird mit der Periode in Verbindung gebracht, in der die Sonne ihre größte Kraft entwickelt (21. Juni bis 22. Juli). Wir schützen uns mit Sonnenbrillen und Sonnenschutzöl, während wir paradoxerweise gleichzeitig von der Hitze gezwungen werden, unsere schützende Kleidung abzulegen. Eine Charakterisierung dieses Archetypus wird – schlagwortartig – folgende Aspekte umfassen: die Suche nach einem Verhältnis zur reizreichen Außenwelt; die Gefahr, innerlich und äußerlich zu verbrennen; Orientierung auf Sinneswahrnehmungen; Empfindsamkeit für Atmosphärisches; Panzerung, die schnell zu dick oder zu dünn wird.

Das Symbol des Krebses wird von zwei ineinandergreifenden Spiralen gebildet, einer einwickelnden und eine auswickelnden. Oberflächlich betrachtet stellen diese die Scheren des Krebses dar. Die okkulte Bedeutung des Symbols weist auf das Geheimnis der Verdichtung von Geist in Materie und der Auflösung der Materie in Geist hin. Etwas weniger esoterisch ist die Interpretation, das Symbol als ein Bild der Ein- und Ausatmung zu betrachten. In dieser Hinsicht wird der Krebs auch mit der schöpferischen Kraft in Verbindung gebracht, die sich hinter dem Brustkorb befindet und wie ein elastischer Panzer Lungen und Herz umschließt. Auch die Haut hat eine ähnliche Schutzfunktion. Rothaarige Menschen mit ihrer blassen Haut kämpfen von Natur aus ein Leben lang mit dieser Thematik, denn im Sommer lässt diese sie buchstäblich ›so rot wie Krebse‹ werden.

♋ *1. Chakra – Frühe Jugend: Überlebensstrategien*

Wenn das Kind um das 2. Lebensjahr herum gehen und sprechen gelernt hat, beginnt die Phase der ›blauen Flecken. Aber auch auf seelischer Ebene kommen die ersten bewusst durchlebten Prüfungen in Gang. Das Kind erfährt am eigenen Körper, wie verletzlich es ist und wie allein es manchmal dasteht. Darüber hinaus fängt es an, sich alles mögliche, was schief gehen könnte, auszuma-

Schutz durch Panzerung: Darth Vedar aus dem Film ›Star Wars‹

len. Erste Angstgefühle treten auf und diese fordern von ihm Gegenmaßnahmen, nämlich physische und psychische Panzerung. Auf physischem Gebiet äußert sich dies in der Bildung von Hornhaut, in der Bildung einer Kruste auf Wunden und in der Tatsache, dass sich nach einer Verbrennung die Haut schält.

Psychologisch betrachtet stellt der Krebs die Entwicklung der so genannten *Überlebensstrategien* dar. Das Kind nimmt Zuflucht zu primitiven Techniken, die in einer Art von Ritualen bestehen, mit denen das Kind das, was bedrohlich wirkt, beschwört: Beim Schlafengehen geht es z.B. kräftig stampfend in sein Zimmer hinein und ruft: ›Brauchst dich gar nicht zu verstecken, ich weiß, wo du bist!‹. Später werden die Techniken verfeinert, z.B. versucht dann der Jugendliche das eigene Ansehen zu erhöhen, indem er mit seinen besonderen

Talenten angibt oder sich in der Schule Freundschaften mit Süßigkeiten erkauft.

Im Grunde handelt es sich dabei immer um Techniken, mit denen wir uns selbst einreden, dass das Leben ›doch nicht weh tut‹. Aber unter dem Panzer baut sich der Schmerz auf, der sich nach außen hin als zunehmende Ungeschicklichkeit, als Abgebrühtheit oder auch – der Gegenpol – als übermäßige Schüchternheit äußert. Der Körper, der so viel Freude und Genuss schenken kann, wird in diesem Fall wie eine Art Gefängnis erlebt. Insbesondere die Emotionen der Scham oder der Angst sind natürliche Reaktionen, wenn Aspekte des Krebses angesprochen werden. Getrieben vom Bedürfnis nach Sicherheit neigen wir dazu uns rundum abzusichern, zu panzern und uns mit Mauern zu umgeben.

♋ *2. Chakra – Erotik: Extrovertierte Leidenschaft*

Auf der erotischen Ebene ist die Krebsqualität ein wichtiger Träger der *Intimität*, denn wir müssen immer einen Panzer ablegen und – im wortwörtlichen oder übertragenen Sinn – nackt sein, um wirklich die Belohnung zu erfahren, die darin besteht, nicht mit Ablehnung bedacht und zurückgewiesen zu werden. Der Lebenslauf so mancher Menschen wird vom Verlangen nach Sicherheit und Akzeptanz bestimmt. Gerade sie haben meistens das tragische Schicksal, dass sie sich so ungeschickt bloßstellen oder versuchen, dies krampfhaft zu vermeiden, dass sie wider Willen auffallen, ausgelacht oder sogar richtiggehend gepiesackt werden. So ist es ein bekanntes Phänomen, dass jemand, der Angst vor Hunden hat, sie erst recht dazu reizt, aggressiv zu werden.

Auch im zwischenmenschlichen Bereich scheint es so zu sein, dass jeder krampfhafte Versuch, möglichst wenig aufzufallen, genau das hervorruft, was unbedingt vermieden werden sollte. Gerade die in ihrem sozialen Verhalten ängstlichen Menschen sind häufig so linkisch, dass sie dadurch auffallen. Vorsichtig schleichen sie während eines Vortrages in den Raum hinein und stolpern über einen Metallmülleimer. Werden sie während des Konzerts von Reizhusten geplagt, so versuchen sie ›unhörbar‹ das Einwickelpapier eines Bonbons zu entfernen …

Kurzum, Angst zieht Gefahr an, Scham zieht Erniedrigung an. Dieses Phänomen kann man auch beim Typ des ›melancholischen Clowns‹ beobachten, der wider Willen so ungeschickt und häufig so auffallend egozentrisch ist, dass sein Verhalten lächerlich oder im günstigsten Fall zum Lachen ist. Auch hier kann man die Rothaarigen als typisches Beispiel anführen, denn durch ihr sichtbares Anderssein sind sie eine besonders leichte Zielscheibe für Neckereien. Der bekannteste rothaarige melancholische Clown ist natürlich Woody Allen. In einem seiner letzten Filme stellt er lakonisch fest, die Wissenschaft habe entdeckt, dass Sonne gefährlich für die Haut sei und mit einem Seufzer fügt er hinzu: ›Als ob ich das nicht schon mein ganzes Leben gewusst hätte.‹

Die erotische Seite des Krebses wird von zwei Aspekten gekennzeichnet. Erstens gibt es den ›Hunger‹ der Haut, der durch sanftes Streicheln gestillt wird. Zweitens drückt sich die Wirksamkeit des Krebses aber auch in der Energie des ›Aufgebrochen-Werden-Wollens‹ aus. Dies äußert sich manchmal im Verlangen nach Ekstase oder in der Umwandlung von intensivem Genuss in Schmerz. Gerät man dabei über eine bestimmte Grenze hinaus, so hat man ein etwas masochistisch gefärbtes Erlebnis. Gelingt es einem aber, ein gewisses freies Gleichgewicht zu finden, so öffnet sich ein Tor, das Zugang zu einer intensiven Erfahrung des Lebendig-Seins vermittelt – auch dann, wenn diese Erfahrung manchmal das Gefühl erzeugt, man stünde buchstäblich in Flammen.

♋ *3. Chakra – Macht: Der Panzer wird zur Zwangsjacke*

Wenn wir bemerken, dass unser persönlicher Panzer nur ungenügend Schutz gegen reale oder eingebildete Drohungen der Umgebung bietet, entschließen wir uns unter Umständen dazu, die Gefahren durch Eroberung und Ausübung von Macht zu beschwören. Wie oft denken wir nicht als Kind: ›Warte nur, bis ich groß bin.‹ Eine solche Reaktion besteht aus einem Gemisch aus Macht, Streben nach Ausgleich und Rache. Auf bescheidenerer Basis spielt dies mit, wenn wir eine Familie gründen; vielleicht sogar schon, wenn wir ein Haustier kaufen. Unsere ›helle Seite‹ möchte alles besser machen, als wir es selbst in der Kindheit erlebt haben; unsere Schattenseite will endlich auch einmal auf der Seite des Siegers stehen. Reichlich Gelegenheit dazu wird einem solchen Bedürfnis im Elternsein geboten: Wir können da als streng strafende Autorität auftreten und anderen Angst einflößen. Wenn sich aber ein Arbeitgeber von solchen Gefühlen leiten lässt, läuft er Gefahr, die Energie der Mitarbeiter durch zu strenge Regeln oder Drohungen zu dämpfen.

Es fällt uns häufig nicht leicht, zu erkennen, wann wir es wirklich nur gut meinen oder wann wir anderen Menschen eine Zwangsjacke verpassen. Auch auf der sozial-gesellschaftlichen und politischen Ebene vermischen sich oft Idealismus und Machtgenuss. Das Bedürfnis nach Macht, dem eigentlich die eigenen Ängste zu Grunde liegen, manifestiert sich natürlich am deutlichsten beim Diktator. Ein ängstliches Männlein wird zum mächtigen Alleinherrscher, der nach einiger Zeit für sich selbst Bunker bauen muss, um sich zu schützen. Er muss immer mehr Geld anhäufen, um möglichst viele Sicherheitsfahrzeuge, Panzer und Bomben zu kaufen, um der Drohung, die er selbst ins Leben gerufen hat, standzuhalten. Die Spirale des Krebses wird dann zur Gewaltspirale oder zur abwärts führenden Spirale in Richtung ›schwarzes Loch‹. Im Alltag begegnen wir dieser Art negativer Spirale, wenn wir z.B. hart arbeiten müssen, um die Darlehen für Luxusartikel abzubezahlen; oder in der großen Anzahl Türschlösser und Sicherungsvorrichtungen, die wir installieren müssen, um die Illusion von Sicherheit aufrecht zu halten.

Das Tragikomische solcher Situationen liegt immer darin, dass nach einer Weile der Panzer zur Zwangsjacke wird. Je stärker man sich um die eigene Sicherheit kümmert, desto mehr Löcher entdeckt man in seinem Panzer. Diese Spirale machen sich die Versicherungsgesellschaften ausgiebig zu Nutze. Sie regen bei den Kunden das Bewusstsein der eigenen Verletzlichkeit an, bauen Ängste auf, um ihnen dann gegen eine kleine finanzielle Vergütung eine große Schein-Sicherheit zu bieten.

♋ *4. Chakra – Soziales Leben: Schützende Verhaltensregeln*

Im sozialen Leben wirkt das Prinzip der Überlebensstrategien zusammen mit dem Prinzip der Masken und Subpersönlichkeiten, wie es oben bei dem Tierkreiszeichen der Zwillinge dargestellt wurde. Der Krebs arbeitet nämlich besonders gern mittels innerer Stimmen, die z.B. Folgendes sagen: ›Nur nicht schlapp machen!‹, ›Stell dich nicht so an!‹; ›Hab' keine Angst‹ oder, wie Kinder so schön sagen: ›Es tut doch gar nicht weh‹. Auf diese Weise wird die Einsamkeit häufig unnötig groß. Ein solches Verhalten scheint mit dem mysteriösen Bedürfnis nach *Erfahrung* zusammenzuhängen: Etwas in uns *sucht* das Leiden, als ob wir tief in unserem Herzen wissen, dass wir geprüft werden wollen. ›Go out and get hurt again‹ (Zieh hinaus und lass dich wieder verletzen), so sang Kate Bush bereits.

Aus dem Bedürfnis heraus, zumindest in einem Bereich verletzlich sein zu dürfen, finden sich in unserer verhärteten und einsam machenden Gesellschaft spontan neue Gruppen mit ›schützenden‹ Verhaltenscodices zusammen, in deren Rahmen sich Männer und Frauen wieder ›bloßstellen‹ können. Die Schutz bietende Haut des Krebses drückt sich hier darin aus, dass gewisse soziale Regeln aufgestellt werden. Am Arbeitsplatz kann sich dies bereits darin widerspiegeln, dass eine Sitzung auch fachkundig geführt wird. Im Bereich der persönlichen Entwicklung wird eher eine homogene Arbeitsgruppe Schutz bieten. Ein Beispiel davon ist die Vereinigung von Cara-Patienten (Patienten mit chronischem, a-spezifischen Asthma-Leiden) in den Niederlanden. Aber es kann auch eine Männergruppe sein, in der Erfahrungen über die schwierigen Seiten des Mann-Seins austauscht werden, ferner Frauengruppen, Müttergruppen oder Seniorengruppen.

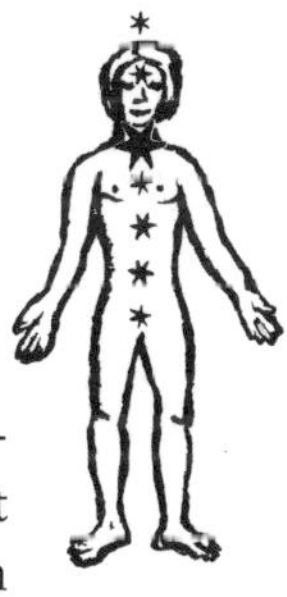

♋ *5. Chakra – Individuation: Intensität des Augenblicks*

Sich der Krebsthematik unbefangen und in aller Freiheit zu nähern, ist nur dann möglich, wenn wir uns mit der Tatsache versöhnen, dass es *keinerlei* Sicherheit im Leben gibt, dass alles vorübergehender Natur ist und dass etwas Wertvolles immer auch verletzlich ist. Auf individuellem Gebiet drückt sich dies in einer gleichmütigen und gelassenen Haltung gegenüber Ebbe und

Flut im menschlichen Schicksal und im Gefühlsleben aus.

Angst ist dann nicht länger etwas, was man beherrschen sollte oder ausmerzen muss. Sie wird zu einer Emotion, die man als Warnung auffassen kann, dass bestimmte Handlungen jeweils einen bestimmten Preis haben. Dieser Preis besteht aus einer körperlichen oder seelischen Narbe und aus dem Zeitaufwand, den wir für die Verarbeitung des Schmerzes aufwenden müssen, den das Leben uns eben zugefügt hat. Materialismus und Spiritualität begegnen einander in der Erkenntnis, dass Zeit kostbar ist. In unserer Kultur drückt sich dies nicht nur in dem Motto ›time is money‹ aus, sondern auch in dem Begriff ›Quality time‹, also die Zeit, in der bewusst Hobbys und Aktivitäten mit Menschen gestaltet werden, die uns nahestehen.

Auf diesem Niveau besteht das Geheimnis des Glücklich-Seins darin, dass wir in jedem einzelnen Augenblick so viel Intensität wie möglich zulassen. Brian May (der Gitarrist der Rockgruppe *Queen*) nennt dies ›hiding in the light‹ (sich im Licht verstecken). Auch mit einer weniger schönen Vergangenheit können wir uns im Laufe der Zeit versöhnen, indem wir uns sagen, dass der Schmerz, der uns zugefügt wurde, uns auch reifer und reicher gemacht hat. In der zweiten Lebenshälfte findet ein ähnlicher Prozess statt, wenn wir uns auf die eigenen Alterungsprozesse und das unausweichliche Sterben hinorientieren.

♋ 6. Chakra – Konzentration und Meditation: Liebe zur Materie

In unserem Jahrhundert erreichten aus einem Bedürfnis nach Sicherheit und Beherrschbarkeit heraus Rationalismus und Materialismus ihren Höhepunkt: Messen ist Wissen.

Indem der Mensch anfing, auf eine rein lineare Art und Weise zu denken, wurde die Welt immer mehr zur entseelten Materie. Auch in der Psychologie – immerhin die Lehre von der menschlichen *Seele* – fand dies in einem Denken seinen Ausdruck, das vorherrschend mechanistisch war. Der Preis dafür war hoch, denn zusammen mit der Entseelung der Welt entseelten wir auch uns selbst. Durch die Diskriminierung tiefer religiöser Erfahrung verliert der Mensch eine seiner wertvollsten Erlebnismöglichkeiten. Die Kirchen werden leerer und die Legebatterien voller. Das Lamm Gottes verlor die Gunst der Menschen, während das Mastkalb heute einen gelben Knopf ins Ohr bekommt.

Ironischerweise kommt Gott durch die Hintertür der Naturwissenschaften wieder herein. Diese stoßen nämlich laufend an die Grenzen des rationell Erklärbaren. Begriffe wie Ehrfurcht, Staunen und Mysterium halten erneut Einzug. Durch die Erkenntnis, dass Materie eine wichtige Erscheinungsform dahinter liegender Kräfte ist, entsteht eine neue Definition von Spiritualität als ›Liebe zur Materie‹.

Diese enge Verbindung zwischen Materie und Geist kann man intensiv erleben, wenn man einen heiligen

Ort besucht. Das kann ein Tempel sein, aber auch eine Gegend, wo Steine und Bäume wie durchlässig sind und das Licht durch sie hindurch scheint.

Auch im Alltag nimmt das Bewusstsein für Vertiefung wieder zu. Menschen gestalten ihre eigenen Rituale, sodass sogar der Abwasch eine Gelegenheit zur ruhigen Kontemplation bietet. In diesem Zusammenhang möchte ich auf eine einfache und schöne Meditation hinweisen. Wir können nämlich lernen, die Ehrfurchtsempfindungen, die so große Naturwunder wie der Grand Canyon bei uns wecken, auch auf Kleineres zu lenken. Vielleicht erleben wir dann, dass der Teppich, auf dem wir täglich laufen, von einer ebenso großen Schönheit ist und eine beeindruckende Geschichte zu erzählen weiß. Denn mit unserem beweglichen Geist durchschauen und erlösen wir das Opfer der Materie.

♋ *7. Chakra – Mystik: An der vollkommenen Unvollkommenheit leiden*

Auf mystischer Ebene bietet der Krebs Zugang zum alles verzehrenden Feuer und zu der langen Reihe der Opfer, die die geistige Welt sich selbst darbringt. Rudolf Steiner wies einmal darauf hin, dass wir, wenn wir leiden, bedenken sollten, dass es die Gottheit ist, die in uns leidet.

Als ich diesen Gedanken zum ersten Mal las, war er für mich unverdaulich, weil ich das Gefühl hatte, dass ich auf diese Weise auch noch um mein Leiden betrogen wurde. Erst als ich es schaffte, die Trennung zu überwinden, die sich vor allem unter dem Einfluss des jüdisch-christlichen Denkens zwischen Mensch und Gott vollzogen hatte, konnte ich mir selbst eingestehen, wie wahr diese Aussage ist. Es handelt sich hier um das Erleben, dass sich in jeden Menschen etwas von Christus (oder, wenn man so will, von Buddha) eingesenkt hat, um dort über das konkrete Handeln und Erfahren die Welt zu erlösen. Diesen Gedanken können wir sogar noch weiterführen, indem wir auch Steine, Pflanzen und Tiere als göttliche Manifestation betrachten, die das Opfer der Verdichtung in die Zeitlichkeit gebracht haben. In diesem Sinn lässt sich Gott, der seinen Sohn zur Erde sendet, als die Quelle sehen, die einen wesentlichen Teil seines Selbst abspaltet, um selbst Erfahrungen zu machen und erfahren zu werden, um zu erlösen und erlöst zu werden, um zu lieben und geliebt zu werden. In der Prüfung prüft Gott sich selbst.

Problematisch wird es dann, wenn wir die biblischen Geschichten im Sinne eines ›Trennungsdenkens‹ allzu wortwörtlich interpretieren. Gott droht dann zu dem eifersüchtigen, rachsüchtigen und anspruchsvollen Stammesgott des Alten Testaments degradiert zu werden. Aus dieser beschränkten Perspektive heraus entsteht die moralische Entrüstung z.B. über die Willkür, mit der Abraham den Auftrag bekommt, seinen Sohn zu opfern oder über das Schicksal von Hiob, der wie eine Art Spielball zwischen Gott und Teufel hin und her geschleudert wird. Moderne Denker wie Alice Miller, aber auch schon früher Carl Gustav Jung stellen Gott als grausame Vaterfigur in den Mittelpunkt. In diesem Sinn muss man auch die Behauptung verstehen, die manchmal auftaucht, dass Gott nicht selbst auf die Erde niedergestiegen ist, um am Kreuz zu sterben, sondern aus Bequemlichkeit seinen Sohn gesandt hat. Wenn wir nicht über dieses konkretistische Denken hinausgelangen, laufen wir Gefahr, am wichtigsten Merkmal des Krebses vorbeizugehen. Denn gerade die Erkenntnis, dass der Geist auch im kleinsten Sandkorn anwesend ist, ermöglicht es uns zu erleben, dass auch in uns ein göttlicher Wille lebt, der Erfahrungen sammeln will, dass wir aber auch gleichzeitig selbst dieser göttliche Wille sind. Dass wir also in unserer Körperlichkeit, genau wie jede andere Materie auch, in den Zeit-Raum verdichtet sind und dadurch ständiger Zerstörung ausgesetzt. Das ist das Opfer Gottes an Gott.

Die Hindus gehen noch einen Schritt weiter, indem sie sagen: ›Das Opfer der Götter ist, dass wir opfern können‹. Für sie ist der Feuergott Agni sowohl das Feuer selbst, als auch das, was ins Feuer geworfen wird. Unbewusst trägt jeder zu diesem Prozess bei. Häufig wissen wir nicht richtig, wie wir mit dem Gefühl ›in Flammen zu stehen‹ umgehen müssen. Allzu rasch wird es auf frühe Kindheitstraumata zurückgeführt. Es ist aber mindestens ebenso wichtig, das Gefühl des Geopfert-Werdens aus religiöser Perspektive zu betrachten.

In dieser Sichtweise hat jede Form des Leidens tiefe Implikationen. Wir leiden an der vollkommenen Unvollkommenheit der Welt, und dass dies so ist, bestätigt deutlich, dass wir wissen, wie es *eigentlich* sein könnte. Wir genießen die vollkommene Schönheit, weil wir er-

Handeln aus der Erkenntnis, dass jeder Mensch im Grunde göttlich ist und wenn wir leiden, die Gottheit in uns leidet: Mutter Teresa

kennen, wie tief das Mysterium ist, das durch uns sich seiner selbst gewahr wird. In solchen Augenblicken erheben wir uns über die individuellen Aspekte unserer Erfahrung und werden unzerstörbar, *gerade weil* etwas in uns zerstört ist. Es stellt sich dabei heraus, dass das, wovor wir Angst hatten – die Angst davor, zerstört zu werden – eigentlich unsere Befreiung bedeutet.

Löwe: Zwischen echter Begeisterung und aufgeblasenem Ego

Im Jahreslauf erlebt man die Wirkung des Archetypus Löwe an der Art und Weise, wie wir den Reichtum des Sommers genossen haben. Wir sind erfüllt von überschäumender Lebenslust, unsere Haut ist gebräunt und unsere Abwehrkräfte sind gestärkt. Waren die Ferien schön, so fühlen wir uns ›königlich‹ beschenkt. Das Symbol des Löwen ist eine mäandernde Linie, die oberflächlich betrachtet eine stilistische Wiedergabe des Löwenkopfes mit seiner Mähne ist, die aber auch aufgefasst werden kann als eine Umwandlung der ein- und auswickelnden Spiralen des Krebses. Der Krebs herrscht über die Atmung, während der Löwe mit Herz und Blutkreislauf in Verbindung gebracht wird. Manche sehen daher in dem Symbol den kleinen und großen Blutkreislauf, Herzschlag und Peripherie.

Das Bild dieses Tierkreiszeichens stellt den Löwen als den König der Tiere dar. In der Mythologie allerdings ist dies eher ein *Scheinkönigtum*, weil die wirklichen Prüfungen erst im Winter kommen. Das erkennt man z.B. im Mythos von Ödipus, der, nachdem er die Sphinx überwunden hat, als Held und König in Theben empfangen wird. Das Schicksal lässt ihn denn auch eine Weile in diesem Glauben, man könnte fast meinen, um ihm zu helfen, Kraft für das große Drama am Ende seines Lebens zu sammeln.

Die Essenz des Löwen kann in folgenden Charakteristika zusammengefasst werden: Bedürfnis nach Aufmerksamkeit, Neigung, im Mittelpunkt stehen zu wollen, Begeisterungsfähigkeit, Großmut, kurz alles Eigenschaften eines Königs. Folgende Schattenseiten können auftreten: Theatralik, Egozentrik und Unechtheit.

♌ *1. Chakra – Frühe Jugend: Mittelpunkt der Welt*

In der Entwicklungspsychologie tritt die Löwenwirkung auf, wenn das Kind anfängt ›ich‹ zu sagen. Sie vermittelt ihm das Gefühl, Mittelpunkt der Welt zu sein. Das Kind genießt diesen Zustand und lernt stolz zu sein auf das, was es gelernt hat. ›Man bringt mir Aufmerksamkeit entgegen; also gibt es mich!‹ lautet sein Motto.

In den letzten Jahrzehnten hat sich in der westlichen Welt eine starke Beachtung der persönlichen Vorlieben und Gefühle von Kindern entwickelt. Ein Kind darf z.B. wenn es ein Eis bekommt, zwischen Schokolade- und Erdbeergeschmack wählen, oder es darf selbst entscheiden, ob es lieber mit zur Oma geht oder zu den Nachbarn usw. Im Laufe der letzten fünfzig Jahre sind wir uns immer stärker der Wichtigkeit des ›emotionalen Raumes bewusst geworden. Wenn heute ein Baby weint, wird dieses Signal häufiger ernst genommen als früher. Damals hätte man eher gesagt: ›Schreien ist gut für die Lunge‹. Heute lautet die Frage, wie ernst wir die emotionalen Signale eines Kindes nehmen müssen. Wird es ein Mensch mit einem gesunden Ego oder eher einem aufgeblasenen? Sehr viel hängt hierbei von unserem Qualitätsbewusstsein ab. Haben wir als Erzieher einen ausgeprägten Sinn für Echtheit, sodass wir erkennen können, wann wir das Kind ernst nehmen müssen oder wann wir seine Signale durchaus auch einmal überhören dürfen?

♌ *2. Chakra – Erotik: Extrovertierte Leidenschaft*

Die erotisch-sensuelle Komponente des Löwen entsteht im Zusammenspiel zwischen dem, was man selbst fühlt, der Art, wie man dies äußert und wie die Umgebung darauf reagiert. Es ist herrlich, den Reichtum der eigenen Seele auszukundschaften und die Wechselwirkung mit den Mitmenschen zu genießen, die dann eintritt, wenn man seine Gefühle äußert. Interesse und Anerkennung für dasjenige, was man aus sich heraussetzt, führt dazu, dass man sich warm und stärker durchblutet fühlt.

Ebenso wie beim Krebs leicht eine negative Spirale entstehen kann gehört zum Löwen die Möglichkeit der positiven Spirale. Begeisterung wird von der Umgebung mit Wohlwollen belohnt. Im Geschäftsleben klingt dies in dem alten Ratschlag durch: ›Tue Gutes und rede darüber‹. Dies ist der Kern der so genannten ›charismatischen Führerschaft‹. Ähnliches gilt auch für die Ausstrahlung von Personen, die die ›Seele des Hauses‹ darstellen. Auch der Exhibitionismus von Menschen, die schöne Körper oder auffallende Talente haben, ist eine begreifliche und fast notwendige Phase eines Prozesses, der darin besteht, bestätigt werden zu wollen durch das, was man kann und wer man ist. Die Gefahr liegt natürlich darin, dass man nicht rechtzeitig die Anerkennung und das Interesse, die einem entgegengebracht werden, verinnerlicht, sodass die eigene Begeisterung auf die Dauer hohl wird.

Hier haben wir es mit dem Bereich der *extrovertierten Leidenschaft* zu tun. Dazu gehört unter anderem auch, dass man lernt sich ›extrovertiert‹ zu äußern, z.B. indem man bei Genuss und Schmerz Geräusche von sich gibt, sodass man gehört wird und die Aufmerksamkeit auf sich lenkt. Gelingt es, genügend Gelegenheit zur Selbstdarstellung zu bekommen, empfängt man die Gnade einer ›gereinigten Seele‹. Denn wenn man aus seinem Herzen keine Mördergrube macht, kann man selbst nach den erschütterndsten Ereignissen der Welt wieder wie neu entgegentreten. Rückschläge werden als solche erkannt und die Enttäuschung darüber im wahrsten Sinne zum Ausdruck gebracht, nach außen gesetzt.

Auf diese Weise wirkt das emotionale System wie ein seelischer Stoffwechsel. Ein Erwachsener kann dadurch wieder die Spannkraft eines Kindes erlangen. Allerdings macht dies auf Außenstehende manchmal einen unwahrhaftigen Eindruck. Wir haben nun einmal unausgesprochene Normen in Bezug darauf, wie lang eine Trauerzeit dauern sollte und wie stark man von einem Missgeschick mitgenommen zu sein hat. Dennoch gibt es wahrhaftige und aufrichtige Menschen, die sich eine halbe Stunde, nachdem sie einen großen Schmerz erlitten haben, schon wieder frisch und munter fühlen. Die Botschaft einer guten Psychotherapie muss daher eigentlich lauten: ›Fühle das, was du zu fühlen vermieden hast, suche dafür eine Ausdrucksform, die bis in die Muskeln hineinwirkt, akzeptiere deinen Verlust und lebe weiter.‹ Kalte Herzen entstehen meistens durch einen stagnierenden emotionalen ›Verdauungsvorgang‹ und den daraus sich ergebenden Mangel an Begeisterung.

♌ *3. Chakra – Macht: Echt und unecht*

Im Bereich der Macht stoßen wir natürlich auf den Löwen in seiner Eigenschaft als König der Tiere. Er ist der charismatische Führer, dessen Kraft auf seiner Authentizität beruht. Der Schatten, den diese Sonne wirft, wird sichtbar im Typus des Tyrannen, z.B. im Chef, der förmlich nach Anerkennung lechzt oder in dem Vater, der mit seinen Kindern rivalisiert. Der Typus wird auch sichtbar in dem Bild der dominanten Mutter, die ihre Kinder mit übertriebener Fürsorge zu unterdrücken droht. Indem sie ihnen Fürsorglichkeit und Aufmerksamkeit schenkt, ernährt sie eher sich selbst als ihre Kinder und fühlt sich in ihrem Dasein bestätigt.

Man kann also auch von einem unterschwelligen, entgegengesetzten Strom des Gebens und Nehmens sprechen: Hier entgleist die Authentizität und verborgene Gewalt taucht auf. Wird dagegen Aufmerksamkeit aus wirklichem Interesse geschenkt, so offenbart sich die befreiende Macht der Liebe. Ein charismatischer Anführer motiviert den Mitmenschen durch seine Begeisterung und Anziehungskraft. Er genießt seine eigene Kraft, aber er tut es auf eine Art und Weise, die der Eigenheit seiner Mitmenschen Raum lässt. Die Wirkung der Begeisterung besteht ja darin, dass Freude sich gerade steigern kann, je mehr Menschen das Leben genießen: ›Geteilte Freude ist doppelte Freude‹. Diese Art pulsierender Energie dringt meistens ohne Worte nach außen. Man kommt z.B. ganz begeistert von einem Vortrag zurück und merkt erst später, wenn man seine Notizen durchsieht, dass einem jetzt die Worte manchmal ein wenig leblos und dürr vorkommen; das Geheimnis befand sich ›zwischen‹ den Worten.

Ein weiterer Aspekt des Schattens ist dann wahrnehmbar, wenn sich Begeisterung nicht auf authentische Lebensfreude gründet. Es gibt zum Beispiel Menschen, deren Wärme und Anteilnahme von Kindheit an von den Eltern oder Erziehern zum eigenen Trost oder zur Selbstbestätigung benutzt worden sind. Anfänglich kam das Kind fröhlich nach Hause und erheiterte damit seine müden, schwermütigen Eltern. Eines Tages ist diese Lebensfreude erschöpft, aber das Kind fährt fort, weiterhin den Eltern zu suggerieren, dass es glücklich und fröhlich sei. Den dadurch weiterfließenden Strom der Anerkennung und Aufmerksamkeit benutzt es nun seinerseits als eine Art Pflaster für seine seelische Wunde.

Ein solcher Mensch ist nicht wirklich froh. Man spürt eine theatralische Art von Begeisterung, die nicht nach außen strahlt, sondern wie saugend auf die Umgebung wirkt. Langsam aber sicher breitet sich diese Form von Selbstbetrug auf andere Emotionen aus, bis sich schließlich immer stärker eine hysterische, theatralische Persönlichkeit heranbildet. Die Macht, die durch diese Art von unechten großen Emotionen ausgeübt wird, zwingt die Umgebung, sich mit diesem affektierten Getue zu beschäftigen. Sogar wenn man keinerlei tieferes Interesse für einen solchen Menschen fühlt, kann er einen doch durch sein Verhalten förmlich dazu zwingen, zumindest gereizt zu sein. Auf diese Weise entstehen jene aufdringlichen hysterischen Verhaltensweisen, durch die jemand, der gar nicht über genügend echte, eigene Kraft verfügt, doch noch das fragwürdige Privileg erlangt, im Brennpunkt des Interesses zu stehen.

♌ *4. Chakra – Soziales Leben: Suche die Sonnenseite des Lebens*

Die Spannung zwischen dem Schenken und Beanspruchen von Aufmerksamkeit, zwischen Ausstrahlen und ›Saugen‹ bestimmt im sozialen Leben die Vitalität einer Gruppe Menschen, die durch diese Wirkung des Löwen zusammengeschmiedet wird. Im günstigsten Fall ist der verbindende Faktor die gemeinsame Begeisterung, aus der heraus Dinge zu Stande gebracht werden. Nicht selten bestimmt eine zentrale Gestalt die Gruppenidentität. Diese Person kann ein Mann oder eine Frau sein, die Vertrauen ins Leben hat und im Stande ist, sich von Herz zu Herz auszutauschen. Oder das verbindende Element ist die Lebenslust des Witzeerzählers oder desjenigen, der sich nach einem Fehlschlag schnell wieder aufrappelt, seinen Schmerz abschüttelt und danach seine Umgebung inspiriert.

In einem Rückblick auf seine Laufbahn schildert der bekannte Fernsehmoderaor Robert Frost, dass der inspirierendste Moment seiner Karriere ein Gespräch mit Nelson Mandela war, der damals gerade aus dem Gefängnis entlassen worden war. Frost fragte ihn, ob er nach 29 Jahren einsamer Haft nicht die Neigung verspüre, in Verbitterung zu verfallen. Mandela antwortete lachend: ›Und wie! Aber es gibt noch so viel zu tun.‹ Diese Art inspirierender Gestalten brauchen nicht immer glamouröse Menschen zu sein. Das Geheimnis besteht darin, beim anderen Menschen wirkliche Begeisterung zu entdecken. ›Follow your bliss‹ (›Suche die

›Es gibt noch so viel zu tun‹: Nelson Mandela

Sonnenseite des Lebens‹) würde der Mythologe Joseph Campbell sagen. Oft sind es die kleinen Augenblicke des Glücks – Hobbys, ein schöner Sonnenuntergang, ein gutes Gespräch –, durch die Menschen ihre Vitalität finden.

Auf der sozialen Ebene besteht die *Schattenseite* des Löwen aus penetrantem Nörgeln und Klagen. Im Grunde sind dies ungeschickte Mischformen des an sich legitimen Bedürfnisses, Wut und Empörung zu äußern und des Bedürfnisses nach Aufmerksamkeit und Anerkennung.

Wenn der Archetypus Löwe Träger des ›emotionalen Stoffwechsels‹ ist, so zeugt Nörgeln und Jammern von schlechter Verdauung. Obwohl es notwendig ist, dass der Mensch lernt, die verschiedenen Äußerungsformen nicht zu sehr zu vermischen, ist es auch wichtig, dass z.B. den Mitgliedern einer Gruppe an bestimmten Zeiten und Orten die Gelegenheit geboten wird, zu klagen, sodass sie anderswo wieder strahlen können. Denn wenn Nörgeln tatsächlich mit seelischem Wasserlassen zu vergleichen ist, so sollte und kann dieser Drang nicht unterdrückt werden.

♌ *5. Chakra – Individuation: Wahrhaftig Theater spielen*

Je älter und hoffentlich auch erwachsener wir werden, desto mehr Möglichkeiten finden wir, um uns ausreichend auszuleben. Sind wir z.B. betrübt, so hören wir uns ein bestimmtes Musikstück an, das uns schon immer besonders gerührt hat. Sind wir verärgert, so hupen wir extra oft im Verkehr usw. Man sollte sich aber vergegenwärtigen, dass dabei Ursache und Wirkung häufig miteinander verwechselt werden. Denn das Musikstück, das uns irgendwann einmal in melancholische Stimmung versetzt hat, wird nun bewusst von uns gewählt, um etwas in Gang zu bringen, das eigentlich in uns schon vorhanden ist. Mit anderen Worten: Wir manipulieren halb-bewusst unser Gefühlsleben. Es handelt sich hier um die widersprüchliche Fähigkeit, auf eine wahrhaftige Art und Weise Theater zu spielen. (In der Theaterwelt gibt es eine bestimmte Strömung, die ›method-acting‹ heißt. Diese Technik erfordert vom Schauspieler, dass er in der eigenen Seele eine Anzahl Erfahrungen zur Verfügung hat, die der jeweiligen

Szene und Rolle, die gespielt werden müssen, verwandt sind. Hat sich der Schauspieler so weit innerlich ›gereinigt‹, dass er zu den wichtigsten Erfahrungen seines eigenen Lebens oder sogar eines anderen Menschen freien Zugang hat, so wird er als Schauspieler zum Medium für universell erkennbare Gesichter des Menschen. Emotionen werden willkürlich heraufbeschworen und sind dennoch echt).

Über Rudolf Steiner ist folgende charakteristische Anekdote überliefert: Während des Baus des Goetheanum in Dornach unterhielt er sich gemütlich mit einem Bekannten, als jemand vorbeikam, der offenbar eine Ermahnung verdient hatte. Steiner entschuldigte sich bei seinem Gesprächspartner, drehte sich um und erteilte dem Betreffenden einen gehörigen Rüffel, als ob er sehr verärgert wäre. Daraufhin wandte er sich wieder mit entspanntem, freundlichem Gesicht seinem ursprünglichen Gesprächspartner zu. Dieser fragte bestürzt: ›Wie können Sie mich so ruhig und freundlich anschauen?‹, worauf Steiner antwortete: ›Ich bin Ihnen doch nicht böse.‹

♌ *6. Chakra – Klares Denken: Gegenseitige Reifung*

Auf intellektuellem Gebiet ist der Löwe wirksam in der Art und Weise, wie wir uns der Welt nähern: offen oder kritisch, rationell, begeistert oder naiv. Als Kind erleben wir uns selbst als Zentrum der Welt, als Axis Mundi. Als nächstes entdecken wir, dass das Gleiche auch für den anderen Menschen gilt und diese Entdeckung führt zu der Erkenntnis, dass wir und der Mitmensch Manifestationen einer und derselben Quelle sind. Der Andere oder das Andere wird dann zum Zentrum der Welt in uns. Das Herz übernimmt die Funktion einer spirituellen Gebärmutter. Aus liebevoller Hinwendung heraus nehmen wir immer stärker am anderen Menschen Anteil und erkennen immer mehr Aspekte seines Wesens. Wenn der andere in der Patsche steckt, sind wir auch betroffen. Aus Mitleid mit ihm entsteht das, was man ›gönnen‹ nennt: Wir möchten, dass dem anderen Menschen etwas Gutes widerfährt, weil dies uns letztendlich auch erleichtert. Altruismus und Egozentrik treten hierbei miteinander vermischt auf. Durch diese gegenseitige Anteilnahme, wie unsichtbar sie auch immer sein mag, helfen wir einander zu reifen.

Von diesem Erleben einer Einheit sind wir in unserem Jahrhundert einerseits weit entfernt – andererseits auch wiederum so nah wie noch nie zuvor. Weit entfernt, weil der Individualismus uns einander entfremdet hat; wieder näher, weil das Fernsehen aus der Welt ein einziges großes Dorf gemacht hat. Informationsvermittlung brachte neue Religionen in unseren Erfahrungsbereich; das moderne Transportwesen lässt Grenzen unwichtig werden. Das Sinnbild dieser Entwicklung ist die Erde, wie sie vom Mond aus fotografiert wurde: ein lebendiger Organismus ohne künstliche Grenzen; in all ihrer verletzlichen Größe ist sie das Zuhause unglaublich vieler Wesen, die alle ihre Kinder sind.

♌ *7. Chakra – Mystik: Du bist gut, so wie du bist*

Je mehr man sich der Essenz des Archetypus Löwen nähert, desto besser kann man die verborgene Quelle des geistigen Lichtes erleben. In der Alchimie wird Jesus als der Löwe bezeichnet, der seine Spuren mit dem Schwanz verwischt. Mit anderen Worten: Die allzu kräftige Göttlichkeit verbirgt sich in einer menschlichen Inkarnation. Auf ähnliche Weise kann man erkennen, dass auch die physische Sonne das wahre geistige Licht hinter sich verbirgt. Kate Bush (auf ihrer CD *The Red Shoes*) lässt ihre spirituelle Meisterin Lily zu Wort kommen, die folgende Aussage macht: ›Oh thou who giveth sustenance to the world, from whom all things proceed, to whom all things return; reveal to us the true spiritual sun hidden by a disc of golden light‹. (›O du, der du der Welt Stütze bist, du, aus dem alle Dinge entstehen, zu dem alle Dinge zurückkehren; offenbare uns die wahre geistige Sonne, die von einer Scheibe des goldenen Lichtes verdeckt wird‹.) Man könnte sagen, dass das persönliche Ego zugunsten des Christus oder des Buddha in uns stirbt. In solchen großartigen Augenblicken kann man erleben, dass man gut ist, so wie man ist.

Etwas Größeres strahlt durch uns hindurch und vergibt uns unsere eigenen Unzulänglichkeiten, so wie wir auch diejenigen des anderen Menschen vergeben können. Stärker noch: Gerade durch unsere Unzulänglichkeiten werden wir zu einer unverzichtbaren Manifestation des Göttlichen, in der man gleichzeitig groß und klein sein kann. Wir sind so, wie wir eben sein können, nämlich das pochende Herz des Universums.

Diese spirituelle Verbundenheit mit dem, was wir als Gott bezeichnen können, braucht gar nichts Spektakuläres zu sein. Eines Tages kam eine verzweifelte Frau zu einem weisen Lehrer, der verkündete, dass es für den Menschen von wesentlicher Bedeutung sei, Gott in der Welt zu erfahren und zu ehren. Betrübt beklagte sie sich: ›Ich finde ihn nirgendwo‹. Der Lehrer fragte sie, ob es jemanden auf der Welt gäbe, den sie liebte. Sie antwortete strahlend: ›Ja, meine Nichte‹. Darauf antwortete der Lehrer: ›Sehen Sie, das ist Ihr Zugang zu Gott‹.

Jungfrau: Zwischen Höflichkeit und Zwang

Im Jahreslauf ist der Archetypus Jungfrau im Nachsommer zu finden, wenn die meisten Früchte bereits so reif sind, dass sie gepflückt werden können. Wir sprechen von ›Mutter Erde‹; deswegen ist das Bild der Jungfrau auch ein symbolträchtiges Bild: Sie ist erblüht und reif genug, um defloriert zu werden und sich zur Mutter krönen zu lassen. Dieses Jungfrau-Mutter-Verhältnis ist in dem vorchristlichen Mythos von Demeter, der Göttin der Ernte, anzutreffen, deren Tochter Persephone von Pluto entführt wird, wodurch diese die Hälfte des Jahres in der Unterwelt verbringen muss.

Das Symbol der Jungfrau ist der Buchstabe M mit einem Bogen auf der rechten Seite. Ursprünglich steht dieses Symbol für die Abkürzung M.V. (Maria Virgo, Jungfrau Maria), aber eigentlich weist es als Gestalt auf die Innenwelt hin, die in der Gebärmutter buchstäblich ein ›Gästezimmer‹ für neues Leben bereithält. Das Bild dieses Archetypus ist aber auch häufig eine Frau mit einer Getreideähre in den Händen. Sie ist in der ganzen Reihe archetypischer Bilder der einzige bekleidete Mensch. Dies kann auch als Bild für den umhüllenden Schleier und die Schutzhaut der Gebärmutter bei der Frau gelten. (Ähnliches findet man beim Korn, bei dem die Spreu eine schützende Hülse bildet).

Andere mythologische Bilder, die oft mit der Jungfrau in Zusammenhang gebracht werden, sind: die Prinzessin auf der Erbse, die weise Magd und die gefangene Prinzessin. In der christlichen Mythologie ist sie, wie geschildert, die jungfräuliche Mutter Jesu.

Wichtige Charakteristika dieses Archetypus sind: Formkraft, Bedürfnis nach Kontrolle, Ästhetik, verschleiert sein, empfindlich sein. Schattenseiten sind: Sturheit, Überempfindlichkeit und Erstarrung in der Form, also Krampf. Ein wichtiges Bild für die Jungfrauqualität ist das folgende: ›Die Lotusblume schwimmt auf dem Schlammtümpel, sie wird berührt, aber nicht beschmutzt‹. Auch in dem Lied *Zipfel des Schleiers* des Niederländers Boudewijn de Groot kommt ein interessanter Hinweis auf die Psychologie der Jungfrau vor: ›Hinter jeder Tür, die ich öffne, machst du eine andere Tür wieder zu. Ja, so bleibst du verborgen. Niemals wird mehr als ein Zipfel des Schleiers gehoben.‹

♍ *1. Chakra – Frühe Jugend: Festhalten und loslassen*

Im Verlauf der Jahreszeiten steht die tragende Kraft des Archetypus Jungfrau der träumenden Potenz des Archetypus Fische gegenüber. Das, was im Frühling noch unter der Erde im Verborgenen schlummerte, ist im Nachsommer in seiner ganzen Fülle in Erscheinung getreten und bereit, verzehrt zu werden. Auch im menschlichen Körper stehen die Fische der Jungfrau gegenüber: Fische steht für die Zeit, die das Kind *in* der Gebärmutter verbringt, während die Jungfrau die Gebärmutter zur Verfügung stellt und so das Kind trägt. Auch in anderen Hohlorganen, wie der Blase oder dem Darm wirkt dieses ›tragende Prinzip‹. Schließlich kann sogar das Herz als tragendes Organ der Jungfrau zugeordnet werden.

Mit diesem Prinzip des Hohlseins und des Tragens hängt die Notwendigkeit zusammen, sich im richtigen Moment von den gestaltenden Prozessen loszulösen. Ist die Blase voll, so muss man Wasser lassen, ist der Darm voll, so muss man ihn entleeren; ist in der Gebärmutter das Kind ›reif‹, so muss es entbunden werden. In all diesen Prozessen herrscht eine Spannung zwischen festhalten und loslassen. Der Innenraum dehnt sich solange aus, bis es Zeit ist, ihn zu entleeren.

In der Psychologie des Kindes drückt sich der Archetypus Jungfrau in der so genannten Trotzphase aus, in der das Kind von alleine oder durch Sauberkeitstraining der Eltern sauber wird und in der es den eigenen Willen dem Willen der Außenwelt gegenüberstellt. Es muss lernen, seine Hohlorgane unter Kontrolle zu bekommen, damit es ein sozial und hygienisch verantwortlicher Mensch wird.

Von essenzieller Bedeutung in der Psychologie der Jungfrau ist das feine Gleichgewicht zwischen Bewusstsein und Unwillkürlichkeit. Das Bewusstsein muss unter Einbeziehung der Signale des Körpers bestimmen, wann es Zeit für Darmentleerung ist, und es muss rechtzeitig der Entspannung Platz machen gerade wegen dieser Entleerung. Dies gilt sowohl auf physischer als auch auf seelischer Ebene. Zu wenig Kontrolle bringt gar nichts; zu starkes Festhalten dagegen führt zu einer Verkrampfung, wodurch die Dinge im wortwörtlichen und übertragenen Sinn zum Stillstand kommen.

♍ *2. Chakra – Erotik: Bewusstsein des eigenen Körpers*

Das Urbild Jungfrau umfasst eine spannungsgeladene Fülle an Gegensätzlichkeiten. Auf der einen Seite ist eine große Verbundenheit mit den ganz fundamentalen Prozessen von Stoffwechsel und Ausscheidung vorhanden und auf der anderen Seite herrscht eine ausgeprägte Verfeinerung, die im Physischen verankert ist. Es ist das Geruchsorgan, welches hier die Brücke zwischen der physischen Geruchswelt und dem Erkennenlernen der dahinterliegenden Qualitäten bildet. Menschen können einander anhand des Geruchs beurteilen. Eine Beziehung klappt vor allem dann, wenn die platonische und ästhetische Anziehung zwischen den Partnern mit der rein physischen Chemie zusammenfällt. In solchen Momenten kommt der Archetypus Jungfrau auch tatsächlich zur vollen Geltung, und zwar in der Wechselwirkung von verfeinertsten Wahrnehmungen und der Tatsache, dass man im Stande ist und sich auch traut, in die Geruchs- und Saftwelt des Körpers völlig hinunterzusteigen, kurzum sich zu trauen, die ›bewusstseinsgebundenen‹ Bremsen aufzugeben und sich frei der Lust zu überlassen.

Gerade weil bei diesem Archetypus das ›Timing‹, die rechtzeitige ›Ernte der Früchte‹, im Mittelpunkt steht, kann alles Mögliche schief gehen. In der Erotik kommt dies in dem Problem des zu starken oder zu schwachen Bewusstseins vom eigenen Körper zum Ausdruck. Zu schwaches Bewusstssein bedeutet ungenügende Wachheit, um die vagen Zusammenziehungen des Beckens wahrzunehmen und sie zu verstärken; zu starkes Bewusstsein bedeutet Verkrampfung und übermäßige Kontrolle und folglich das Problem, möglicherweise nicht zur völligen Hingabe zu gelangen. Das kann zu Schwierigkeiten führen, überhaupt einen Orgasmus zu bekommen. Der Höhepunkt der Spannung wird nicht wirklich erreicht, sodass auch die Entspannung zu keinem maximalen Effekt führt. Eigenartigerweise haben nur Männer das entgegengesetzte Problem, nämlich dass sie zu schnell fertig werden. Darüber hört man Frauen niemals klagen, vielleicht deswegen, weil es einer Frau leichter möglich ist, mehrere Orgasmen nacheinander zu haben.

♍ *3. Chakra – Macht: Die ›starke Frau‹*

In alten Kulturen, in denen eine weibliche Göttin verehrt wurde, trat häufig eine Art Dreifaltigkeit auf, wie wir sie in unserer Kultur in der männlichen Form von Vater, Sohn und Heiligem Geist kennen. Man spricht hier von der dreifältigen Göttin. Diese Dreifaltigkeit hängt mit den drei Phasen des Mondes zusammen: zunehmender Mond, Vollmond und abnehmender Mond. In der Psychologie der Frau sind dies Jungfrau, Mutter und alte weise Frau (›the crone‹). In der Phase der alten weisen Frau (die nicht unbedingt mit der letzten Lebensphase einer Frau zusammenfallen muss, auch ein Kind kann in diesem Sinne eine alte weise Frau sein) ist die Frau im Stande, großen sozialen Einfluss auszuüben, indem sie z.B. eine seelische Stütze für jüngere Generationen ist, in der Gesellschaft als Politikerin tätig ist oder manchmal – weniger sichtbar – die ›rechte Hand‹ eines bekannten Mannes. Typische Beispiele sind Jeanne d'Arc und in unserer Zeit Margaret Thatcher und Hillary Clinton. Die Öffentlichkeit weiß oft nicht, was sie von der Tatkraft solcher Frauen halten soll und von deren Rücksichtslosigkeit, mit der sie ihre weibliche Intuition in Führungsqualitäten umsetzen. Nicht umsonst bekommt eine starke Frau recht schnell den Beinamen ›Hexe‹ oder ›eiserne Jungfrau‹.

Unabhängig von den Geschlechtsunterschieden spielt auf dieser Ebene, der Ebene der Macht, beim Archetypus Jungfrau auch die Frage eine wichtige Rolle, wel-

›Starke Frau‹: Hillary Clinton

chen Wert man Vorschriften und kleinsten Details im zwischenmenschlichen Umgang beimisst. Jedes soziale Gewebe erstickt unter einem Übermaß an Bürokratie; Anarchie (die eher zur Thematik der Fische passt) dagegen tritt auf, wenn zu wenig Struktur vorhanden ist. Ein gutes Beispiel für diesen Kontrast erhält man, wenn man den niederländischen Sozialstaat mit seiner übertriebenen Reglementiersucht mit den chaotischen korrupten Praktiken in Italien vergleicht. Selbstverständlich sind auf der Machtebene auch allerlei Mischformen zu finden. Menschen können einander das Leben schwer machen, indem sie nicht genügend Formkraft aufbringen; oder sie stehen sich selbst im Weg, weil sie sich zu sehr verkrampfen.

♍ *4. Chakra – Soziales Leben: Die Spreu vom Weizen trennen lernen*

Manche Astrologen sind der Ansicht, dass das niederländische Volk ein Vertreter des Archetypus Jungfrau sei, dessen mythisches Urbild die sagenhafte ›stolze Frau von Stavoren‹ ist. Nüchternheit und Toleranz sind die positiven Merkmale einer solchen Gemeinschaft. Die Schattenseiten sind Bürgerlichkeit und ein Verhalten, das von dem Kulturhistoriker Simon Schama als ›Reinhalten des eigenen Gehwegs‹ bezeichnet wird. Damit ist vor allem auch die Tendenz der Niederländer gemeint, in Vorschriften zu ertrinken, ständig zu beobachten, was die Nachbarn machen und Klatsch und Tratsch einzusetzen, um soziale Kontrolle auszuüben.

Wird Förmlichkeit mit Gedankentiefe verbunden, so entsteht eine angenehme Art von *Höflichkeit*. In englischen Historienfilmen trifft man auf die schönsten Beispiele, wie z.B. den Schauspieler Anthony Hopkins, der diesen Archetypus auf großartige Weise darstellt. Eine weitere Steigerung findet statt, wenn diese Feinfühligkeit verinnerlicht wird und zum *guten Geschmack* wird. Das, was sich nach außen hin als Höflichkeit darstellt, wirkt dann nach innen als ästhetische Gestaltungskraft.

Gelingt es einem Menschen nicht, die Qualität der Höflichkeit zu verinnerlichen, so bleibt er in reiner Etikette und Modegrillen stecken; er beurteilt sich selbst und andere nach Äußerlichkeiten. Hier wird der

Anthony Hopkins

typische Auftrag der Jungfrau, nämlich das Erwerben von innerer Vertiefung bzw. das Trennen der Spreu vom Weizen, nicht erfüllt.

♍ *5. Chakra – Individuation: Von der inneren zur äußeren Gestalt*

Die wahre Umgestaltung der Jungfrau-Kraft kommt erst dann zu Stande, wenn man außerdem lernt, mit den Gegenpolen *Chaos und Leere* zu leben. Im Bereich der Jungfrau ist nämlich die Neigung angesiedelt, sich alle möglichen Dinge theoretisch auszumalen. Dabei geht man aber das Risiko ein, dass man sein Leben nicht genügend aus dem ›Bauch‹, aus dem unbewussten Willen heraus lebt. In diesem Fall wird man irgendwann – meistens zu spät – zu der Einsicht kommen, dass man, weil man so lange nach einem ausgeklügelten System gelebt hat, eigentlich über die eigene Blütezeit bereits hinaus ist. Jeder muss selbst auf seine Art und Weise zu der Einsicht kommen, wie schnell Regeln und Normen zur leeren Hülse werden und dazu verurteilt sind, abzusterben.

Der archetypische Schmerz, der zu diesem Aspekt des Bildes Jungfrau gehört, ist z.B. in dem Schmerz zu erkennen, den eine vierzigjährige, talentierte und liebevolle Frau empfindet, die keinen Mann gefunden hat, von dem sie sich hätte befruchten lassen können oder wollen. Nach einer Phase des Kummers über ›die nicht gekostete Frucht‹ folgt häufig eine Periode, die vom Gefühl der Sinnlosigkeit und Leere geprägt ist. Wird diese Phase der Leere voll ausgekostet, führt dies bisweilen zu einer unverwüstlichen und unerschrockenen Lebenskunst. Auch bei Frauen, die Kinder geboren haben, tritt übrigens manchmal eine ähnliche Krise in dem Moment auf, in dem die Erziehung sie nicht mehr so stark beansprucht.

Ein Mensch, der zu stark auf die Außenwelt ausgerichtet ist, schiebt diese Art von Lebenskrise leider häufig zu lange vor sich her, sodass die Umwandlung von der äußeren in die innere Form ungenügend zu Stande kommt. In diesem Fall rücken andere Dinge in den Mittelpunkt des Interesses. So wird z.B. der Wohnraum immer wieder neu eingerichtet und Neues dazugekauft, um die Wohnung zu verschönern. (Auch wenn es hart klingt: Ein Wohnungsbrand könnte in einem solchen Fall unter Umständen Wunder bewirken!)

Gelingt die Verinnerlichung aber, so entstehen höhere Formen der Lebenskunst, die, bei aller Beschränktheit, in der Art und Weise zum Ausdruck kommen können, wie der Garten gepflegt wird, Freunden und Hilfesuchenden Rat erteilt wird, ja sogar darin, wie liebevoll das Auto gepflegt wird.

♍ *6. Chakra – Klares Denken: ›Herzenstakt‹*

Wenn sowohl die Phase der individuellen Leere durchgemacht als auch die neue Sinngebung mit Erfolg gefunden wird, entsteht das, was Rudolf Steiner ›Herzenstakt‹ nannte. Im sozialen Verkehr wirkt diese Qualität wie eine Art Wachheit, mit der abgespürt wird, was der andere Mensch benötigt und mit der die Formen einerseits absichtlich ausgehöhlt werden, andererseits gleichzeitig besonders erfüllt werden. Ein schönes Beispiel davon ist das japanische Teezeremoniell, bei der die Ästhetik fast bis ins Absurde geführt wird; das tägliche Leben wird zum Kunstwerk.

Im sozialen Leben offenbart sich dies z.B. in der Kunst, ein Geschenk auszuwählen, kleine Gedichte zu schreiben oder die richtigen Worte zu finden, um jemanden zu trösten.

♍ 7. Chakra – *Mystik: Innehalten im Erleben*

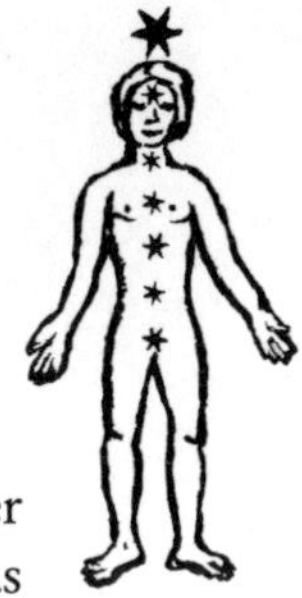

Der Weg zur höchsten Ebene der Jungfrau-Kraft, der Mystik, führt meistens durch die Tore der *Kunst*. Das Erleben, das einst in der Geruchswelt sowie im Umgang mit schleimigen Substanzen und stark riechenden Säften seine Grundlage gefunden hat (und auch in Zukunft finden wird), kann nun zu einer neuen Art Verinnerlichung gelangen, und zwar nicht im Sinne eines Krampfes (wie es beim 1. Chakra beschrieben wurde), der diesen Prozess auf einem niederen Niveau manchmal zum Scheitern bringt, sondern als ein Stillstehen der Zeit während eines Erlebens der Ewigkeit in der Kunst oder in der Natur. Die daraus resultierende Verzückung ist dann nicht länger ein äußeres Phänomen – so zum Beispiel, wenn Besitzer von Kunstgallerien versuchen, einander mit Superlativen zu übertrumpfen –, sondern es handelt sich hier um einen inneren Prozess, bei dem man mit einer solchen Wucht ›berührt‹ wird, dass man stirbt, gleichzeitig aber auch erneuert wird. Jeder kennt die Erfahrung, die man hat, wenn man dem passenden Gemälde, Gedicht oder Musikstück genau zum richtigen Zeitpunkt seines Lebens begegnet. Man fühlt sich voll und leer zugleich; dieser Moment ist einzigartig, er geht vorüber, ist aber doch auch ewig. Man wird auf subtile Weise aufgebaut und zugleich zerstört.

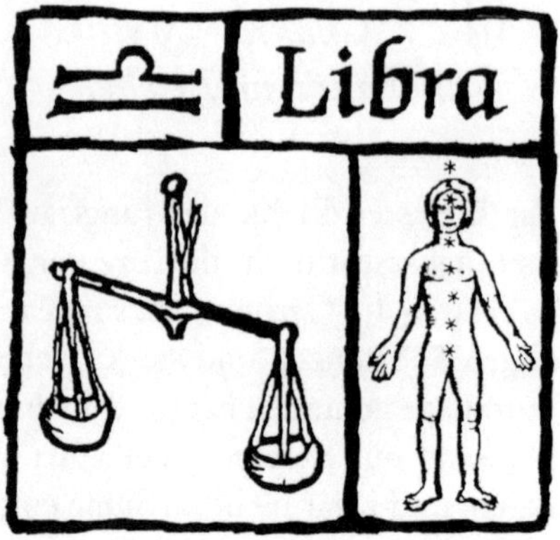

Waage: Zwischen Unentschlossenheit und Intuition

Im Jahreszyklus ist das Urbild der Waage angesiedelt im Beginn des Herbstes, wenn die Sonne allmählich ihre Kraft verliert und die ersten Blätter fallen. Häufig legt sich nun eine innige Ruhe über die Erde, die zu Recht als Stille vor dem (Herbst-)Sturm bezeichnet wird. Das Symbol der Waage ist eine horizontale Linie, worüber sich eine zweite Linie befindet, die sich in der Mitte zu einem Bogen wölbt. Manche sehen in diesem Symbol eine große Waage in Gestalt eines Joches; andere sehen darin die Sonne, die sich bereits zur Hälfte unter den Horizont gesenkt hat. Letztere Interpretation entspricht dem Kürzer-Werden des Tages zugunsten des Länger-Werdens der Nacht. Der Zeitpunkt, in dem Tag und Nacht gleich lang sind, also sich miteinander im Gleichgewicht befinden, heißt die Herbst-Tagundnachtgleiche oder Herbst-Äquinoktium. Die Waage als Pforte des Herbstes wird von alters her mit der Pforte des Todes in Zusammenhang gebracht.

Eine der mythologischen Figuren, die die Bilder von Waage und Pforte des Todes miteinander verbindet, ist Maat, die ägyptische Göttin, die die Seele des Verstorbenen wiegt, indem sie dessen Gewicht mit einer Pfauenfeder ihres Schmuckes aufwiegt. In der westlichen Mythologie ist diese Funktion des Wiegens der Seelen vom Erzengel Michael übernommen worden, der auch über die Zeit des Herbstes herrscht. Die Ikone der Waage stellt eine stilisierte Waage dar, übrigens das einzige Objekt in der Reihe der Tierkreiszeichen. Es stellt das mechanische, objektive Bewegt-Werden dar, wobei das Instrument selbst die Geschehnisse so wenig wie möglich beeinflusst.

Die Essenz des Urbildes Waage umfasst folgende Fähigkeiten: erfahren, zuhören und aufgeschlossen sein. Schattenseiten sind: Passivität, Gleichgültigkeit, Opferhaltung und Mangel an Entschlusskraft.

♎ *1. Chakra – Frühe Jugend: Aufgeschlossen sein und lernen*

Bestimmten Theorien zufolge kommt der Mensch wie ein unbeschriebenes Blatt – gleichsam als Tabula rasa – zur Welt. Obwohl die moderne Psychologie diese Ansicht längst überwunden hat, ist es dennoch eindrucksvoll zu sehen, wie viele Eindrücke das Kind in den ersten Jahren seines Lebens unbefangen sammelt. Es ist offen für seine Umgebung und lernt dadurch sowohl Gutes als auch Schlechtes. Auch im zweiten Jahrsiebt, das auch als *Latenzzeit* bezeichnet wird, erkennt man in der Entwicklung des Kindes viele Aspekte der Waage. In dieser Phase droht das Kind im gängigen Schulsystem mit Kenntnissen und Fertigkeiten voll gestopft zu werden.

Auf physischem Gebiet assoziiert man das Urbild der Waage mit Hüften und Becken, sowie mit dem Gleichgewichts- und Gehörorgan. Das Gehör ist immer offen; im mechanischen Aufbau des Gehör- und Gleichgewichtsorgans wird der instrumentale Charakter der Waage sichtbar. Die zurückweichende und empfangende Qualität dieses Archetypus ist in den verschiedenen Funktionen des Beckens deutlich erkennbar. Die Endprodukte des Stoffwechsels verlassen an dieser Stelle den Körper. Dieser Bereich kann im Zusammenhang mit der Geschlechtsgemeinschaft geöffnet und bewegt werden. Die eindrucksvollste Manifestation des sich öffnenden und zurückweichenden Charakters des Urbildes Waage ist die Entbindung: Im Geburtsmoment weicht der verbindende Knorpel des Beckens, der vor der Geburt bereits weich geworden ist, buchstäblich vor dem Kind zurück, wenn dieses sich einen Weg durch den Geburtskanal bahnt.

Die Offenheit, die für die Waage charakteristisch ist, bildet nicht nur die Grundlage für die menschliche Lernfähigkeit, sondern auch für die Möglichkeit des

Ein Bild der Waage-Qualität: Ständiges Austarieren der Kräfte, Offenheit und Ungeschütztheit

Missbraucht-Werdens, sowohl in physischer als auch psychischer Hinsicht. Dass auf physischem Gebiet die Offenheit des Kindes eine große Gefahr in sich birgt, ist unmittelbar einleuchtend. Aber mindestens ebenso groß wird der Schaden sein, wenn die seelische Offenheit missbraucht wird; das ist der Fall, wenn die Fähigkeit des Kindes, zuzuhören und sich einzuleben von dem Erwachsenen dazu benutzt wird, seine eigenen Probleme loszuwerden. Alice Miller beschreibt in ihrem Meisterwerk ›Das Drama des begabten Kindes‹ dieses Phänomen als ›narzistische Störung‹.

♎ *2. Chakra – Erotik: Emotionen geraten in Bewegung*

Im sensuellen Bereich erkennt man das Urbild der Waage in der Haltung des Liegens mit gespreizten Armen und Beinen. Es ist beeindruckend zu sehen, wie Kinder sich irgendetwas anschauen und dabei entspannt mit gespreizten Beinen auf dem Boden liegen. Beim Erwachsenwerden assoziiert der Mensch diese ursprünglich unschuldige Haltung immer stärker mit verführerischem Verhalten, vor allem bei der Frau. Dies ist begreiflich, weil die Frau sich nun einmal sowohl im wörtlichen als auch im übertragenen Sinn für die Penetration des Mannes öffnen muss. Bei beiden Geschlechtern spielt die Geste des Sich-Öffnens natürlich auch symbolisch eine Rolle, nämlich darin, dass man sich vom anderen Menschen emotional berühren lässt.

Im Extremfall drückt sich dies im Bereich der Sexualität darin aus, dass die Elastizität des weiblichen Beckenbodens bis aufs Äußerste auf die Probe gestellt wird, indem Gegenstände oder manchmal eine oder sogar zwei Fäuste eingeführt werden. Am subtilsten äußert sich dieses Prinzip in einer Lebenshaltung, die die englische Rocksängerin Kate Bush als ›living in a sensual world‹ bezeichnet. Dabei entwickelt man die Fähigkeit, sich bei jeder Bewegung von seiner Kleidung, den Haaren, den Geräuschen seiner Umgebung oder dem sanften Wind streicheln zu lassen. Wird diese wache sensitive Erlebnisfähigkeit nicht genügend entwickelt, so kann der Einfluss der Waage so verheerend wirken, dass der Mensch allmählich in einen unbeteiligten, ›abwesenden‹ Zustand verfällt, sei es am ganzen Körper, sei es nur im Unterleib. Das kann in der Erotik zu einer Art ›Aufblaspuppen-Sex‹ führen, bei dem einer der Partner oder beide eigentlich kaum noch bewusst anwesend sind. Im Englischen wird dies ›going through the motions‹ (die Bewegungen absolvieren) genannt, ohne dass dabei Gefühle oder bewusster Wille erlebt werden.

♎ *3. Chakra – Macht: Einfluss der Passivität*

In der zwischenmenschlichen Ausübung von Macht und Kontrolle spielt das Urbild der Waage eine Doppelrolle. Das Motiv des Opfers, das gezwungen wird, mit sich spielen zu lassen oder auch das eines Volkes, das sich mit Dogmen eines Anführers bis oben hin voll stopfen lässt, ist hinlänglich bekannt. In diesem Fall kommt die ›Penetration‹ durch Zwang oder Übermacht zu Stande. Es existiert aber auch ein verborgener Aspekt der Macht, bei der gerade die passive Person die Kontrolle ausübt. Dabei wird derjenige, der am wenigsten Willen und Initiative aufbringt, plötzlich zum ›Machthaber‹.

Der Sexualwissenschaftler Jos Frenken spricht in diesem Zusammenhang von der ›Macht des am wenigsten Motivierten‹. Er bezieht sich dabei auf die Erscheinung, dass bei Sex die Macht eigentlich bei demjenigen liegt, der am wenigsten Bedürfnis nach Sex hat, weil er ein Spiel ist, auf das beide Lust haben müssen und bei dem der Partner, der am meisten Lust hat, vom dem Partner abhängig ist, der am wenigsten Lust verspürt. Ähnliche Prozesse spielen sich auch bei dem Phänomen ab, das als ›passive Aggression‹ bezeichnet wird. Diese tritt z.B. auf, wenn Menschen chronisch zu spät kommen, wichtige Verabredungen übersehen oder vergessen, oder auch wenn sie ihrem Ärger nicht Luft machen, wenn dies selbstverständlich wäre, sodass andere sich an ihrer Stelle ärgern müssen. Auf diese Weise übt derjenige, der sich passiv verhält, großen Einfluss auf die Ereignisse aus, obwohl er eigentlich nur Spielball der Umstände zu sein scheint.

Häufig ist es schwierig exakt anzugeben, an welcher Stelle genau Macht ausgeübt wird. Jemand kann in aller Naivität und Ehrlichkeit behaupten, dass er gar nicht versteht, worüber Sie sich aufregen; dadurch ärgern Sie sich nur noch mehr. Der passive Machthaber seinerseits versteht immer weniger, was eigentlich los ist. Mittlerweile sind Sie selbst Ihrer Versuche überdrüssig geworden, einem Menschen etwas zu erklären, der so offen ist, dass alles wie durch ihn hindurch fällt.

Ω 4. *Chakra – Soziales Leben: Zuhören und bewegt werden*

Der Fähigkeit, einem anderen Menschen zuzuhören und von seinen Worten bewegt zu werden, liegt Empathie und zwischenmenschliche Wärme zu Grunde. Die Tatsache, dass wir im Stande sind, uns gegenseitig zuzuhören, bewirkt, dass wir weniger einsam sind und dass

Ischa Meijer

wir vom anderen Menschen erfüllt werden können. Die Schattenseite davon ist natürlich, dass in bestimmten Fällen die eigene Persönlichkeit ungenügend zur Blüte kommt, sodass die Aufgeschlossenheit einen bitteren Beigeschmack bekommt.

Auch hier zeigt sich die Wirksamkeit der Waage auf zwei Ebenen. Auf der ersten Ebene erscheint sie als Fähigkeit zuzuhören und sich in etwas einzuleben, auf einer höheren Ebene erscheint sie als feines Gespür für die Balance zwischen Zuhören und Sprechen. Mit anderen Worten, ein gutes soziales Empfinden drückt sich im harmonischen Wechsel der sozialen Rollen aus. Am besten kann man dies bei begabten Interviewern beobachten wie David Frost, Oprah Winfrey. Ischa Meijer, ein leider viel zu früh verstorbenes ›enfant terrible‹ der niederländischen Journalistik, gab in seinen geschriebenen Interviews ein perfektes Bild der Waage ab (nämlich in der ausgewogenen Balance zwischen objektiver Wiedergabe und persönlichem Kommentar), während seine Fernsehauftritte eher unter den Archetypus Skorpion (wegen seiner Unterbrechungen und messerscharfen Beleidigungen) einzuordnen sind.

♎ *5. Chakra – Individuation: Dinge gegeneinander abwägen*

Im Grunde geht es auf diesem Niveau darum, dass man lernt auf seine tiefsten Wünsche und Willensimpulse zu achten. Von Natur aus ist dies immer mit einem Abwägen gegensätzlicher Interessen und Wahrheiten verbunden. In letzter Zeit sind wir von romantisiert dargestellten Ratschlägen förmlich überflutet worden, wie z.B. ›Lass das Kind in dir sprechen‹ und ›Tue nur das, was dein Herz dir eingibt‹.

Man darf hierbei nicht aus den Augen verlieren, dass es vor allem die westliche Kultur ist, die diese Ebenen der menschlichen Eigenheit besonders hoch einschätzt. In vielen anderen gesellschaftlichen Strukturen muss nämlich das Individuum lernen, sich den Interessen der Gruppe anzupassen. Übrigens beschränkt sich das westliche Bewusstseins-Erleben meistens sowieso nur auf den bevorstehenden Kauf einer Jeanshose, einer CD oder eines Autos. Erst wenn der Mensch ernsthaft einen persönlichen Schulungsweg geht, wird sich das Individuum als die unsichtbare Kraft, die die Lebensgeschichte komponiert und dirigiert, offenbaren.

♎ *6. Chakra – Klares Denken: Sprechend lauschen, lauschend sprechen*

Was man in den vorher genannten Bereichen noch als unerwünscht erlebt, ist auf dieser Ebene das höchste Ziel, nämlich der Zustand der *Leere*. Die Kunst besteht nun darin, eine bestimmte Offenheit für eine unsichtbare Welt zu erlangen, die selbst auch in Stille kommuniziert. Sich wirklich innerlich leer machen ist ein aktiver Prozess und als solcher trägt er verschiedene Widersprüche in sich. Der erste Widerspruch besteht darin, dass man sich anstrengen muss, damit etwas von alleine abläuft; man ist also auf aktive Weise passiv. Ein weiterer Widerspruch ist der, dass man beim Sprechen eine innere lauschende Haltung entwickelt. Umgekehrt könnte man auch sagen, dass der Mensch beim Zuhören ein so reiches Seelenleben entfaltet, dass er anregend auf den Gesprächspartner wirkt. Dieser fühlt sich durch eine solche intensive Art des Zuhörens beschenkt. Bei dieser Form des ›höheren Lauschens‹ spielt nicht nur die Waage eine Rolle, sondern auch das Schwert, das messerscharf bis zum Kern vorzustoßen weiß.

Die Wahrnehmung an sich bekommt einen meditativen Charakter, weil man anfängt, das Ewige im Zeitlichen zu erleben. So gibt es seltsame ›Mischformen‹. Man kann z.B. ein Gemälde lauschend betrachten, bei einer Geschichte eine Geschmackserfahrung haben oder den moralischen Wert eines Ereignisses riechen. Auf diese Weise entsteht die Möglichkeit, die eigene Intuition zu intensivieren.

♎ *7. Chakra – Mystik: Zum Tor werden*

Auf der Ebene der Mystik wirkt der Archetypus Waage auf eine solche Weise, dass man unentwegt durch das ›Tor‹ geht, dass man jeden Augenblick aufs Neue stirbt und geboren wird, jeden Tag wieder auf das lauscht, was sich durch uns manifestieren will. Man könnte sagen, dass man nicht nur durch das Tor geht, sondern selbst zum Tor wird; dass man nicht nur derjenige ist, der wiegt, sondern dass man selbst die Waagschale ist. Es ist dann nicht mehr so wichtig, ob man psychisch stirbt und in ein neues Gebiet eintritt oder ob man körperlich stirbt mit allen möglichen entsprechenden Überraschungen, so wie es der Dichter Novalis ausdrückt: ›Ich fühl' des Todes verjüngende Glut und steh' in den Stürmen des Lebens voll Mut‹. Das Ego ist gestorben, die Bitte ›Dein Wille geschehe‹ wird zur tiefen Erfahrungstatsache. Die Waage wird dann zur Schale für das große Mysterium, wird zum Heiligen Gral. Der Balanceakt wird dann zu einem Zusammenspiel von Schwert und Waage: das menschliche Bewusstsein dient als *razor's edge*, als messerscharfes Instrument.

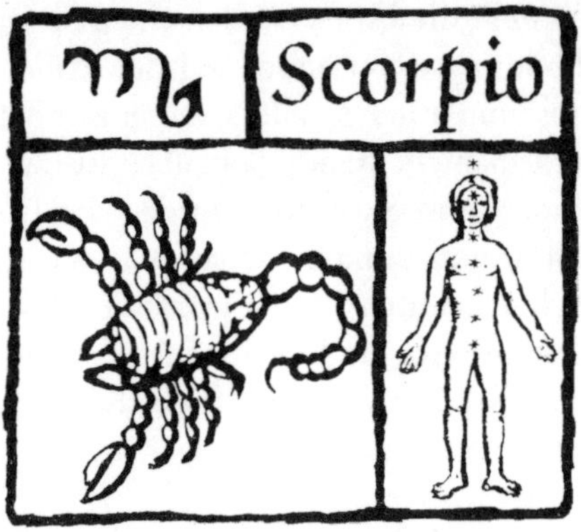

Skorpion: Von der Schärfe zur Milde

Der Skorpion ist das Urbild, das im Jahreslauf in der Zeit angesiedelt ist, in der der Herbst mit voller Kraft losbricht. Der Tod hängt im wörtlichen und übertragenen Sinn in der Luft; die Blätter fallen massenhaft herunter; von alters her wurde das Vieh, das im Sommer Kräfte gesammelt hatte, im Herbst geschlachtet. Das Symbol ist ein M, das in einen kleinen Pfeil mündet. Verschiedene Interpretationen sind möglich. Manches deutet darauf hin, dass dieses M ursprünglich eine Schlange mit Giftzahn oder Giftschwanz darstellte. Die Verwandtschaft mit dem M im Jungfrau-Symbol ist auffallend, nur dass der ›Menschenklang‹ der Jungfrau einen Innenraum und einen penetrierenden Pfeil hat.

Meistens stellt die Ikone einfach einen Skorpion dar. Ältere Abbildungen verweisen auf den Adler und auf den Mythos vom Sturz Luzifers, der einst hoch wie ein Adler am Firmament stand, dann aber stürzte und zur Schlange oder zum Skorpion wurde. Die Essenz des Urbildes Skorpion umfasst: scharfes Bewusstsein, Intensität, Schwellenübergang, Einsicht und schließlich Milde. Schattenseiten sind: Neigung zum Schmarotzertum, sich aus Groll in Vorwürfe festbeißen, Erbitterung und manchmal sogar das ›böse Auge‹.

♏ *1. Chakra – Frühe Jugend: Sadistische Triumphe*

Beim Sternbild der Waage standen wir noch vor der Pforte, mit dem Bild des Skorpions gelangen wir jenseits der Bewustseinsschwelle: es handelt sich hier um überwältigende Prozesse, die aus der Tiefe unseres Bewusstseins stammen, wie Fortpflanzung, aber auch Mordlust. Das Urbild des Skorpions herrscht über die physischen Regionen mit den schärfsten und penetrierendsten Eigenschaften: Nägel, Zähne und Geschlechtsteile, sowie auch die Nase. Manche Eltern bekommen einen leichten Schock, wenn sie beobachten, dass ihr Kind Schadenfreude empfindet, wenn es einen anderen Menschen beißt oder kratzt oder einer Spinne die Beine ausreißt. Häufig versuchen die Erzieher, diese sadistischen Triumphe mit rationalen Erklärungen abzutun: Ein Kind weiß eben noch nicht, was es einem

James Dean. Immer auf der Suche nach intensiver Erfahrung

anderen Menschen oder Tier antut. Diese Reaktion der Eltern ist Teil einer unterdrückenden gesellschaftlichen Einweihung, für die es vorteilhafter ist, dass jedes Individuum seine Grausamkeit unterdrückt zu Gunsten des sozialen Lebens. Leider geschieht dies auf Kosten der eigenen Vitalität und Aufrichtigkeit. Wir sollten erkennen, dass diese Unterdrückung immer eine Spiegelung unserer eigenen Normen und unseres inneren Wertesystems ist.

Eine Freundin von mir wohnte eine Zeit lang im Binnenland von China und war entsetzt, als sie entdeckte, dass dort Schadenfreude erlaubt ist. Wenn ein Fahrradfahrer z.B. hart hinfiel, wurde ihm zwar sofort geholfen, aber die Umstehenden brüllten ungeniert vor Lachen. In einer solchen Gesellschaft ist die Akzeptanz der Grausamkeit größer, was sich auch darin zeigt, dass viel eher als bei uns körperliche Züchtigung und sogar Todesstrafe üblich sind. Wir alle haben den Auftrag, die Seiten in uns zu erkennen und in den Griff zu bekommen, die grausam sind und die uns veranlassen, Schmerz zu suchen. Uns allen ist das *Verlangen nach intensiver Erfahrung* vertraut, der Wunsch zu wissen, was sich jenseits der Verbotsschwelle befindet. Beim Kind äußert sich dies in der Neugierde, mit der es herausfinden will, ob der Ofen tatsächlich heiß ist, was sich in dem Schrank, der immer abgeschlossen ist, verbirgt und was sich hinter den verschlossenen Türen des Schlafzimmers der Eltern abspielt. Das Kind will die Schwelle überschreiten.

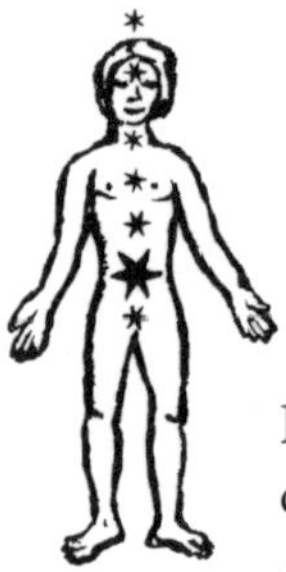

♏ *2. Chakra – Erotik: Der kleine Tod*

Der Archetypus Skorpion nimmt uns mit in das Gebiet der scharfen Gerüche, wo es nach Schweiß, Urin und Ausscheidung riecht und in dem unser Körper uns verrät, wie (un)gesund wir sind, wie sauer, wie einladend oder wie abstoßend. In der Erotik ist der Mensch am instinktivsten, vielleicht aber auch am liebevollsten und spirituellsten. Nicht umsonst wird in vielen Kulturen der Geschlechtsakt als ein heiliges Ritual betrachtet. Vielsagend ist die Tatsache, dass das Kreuzbein bis heute im Niederländischen ›heiligbeen‹ (vom lateinischen *os sacrum*) heißt. Kot und Harn, Blut, Sperma und alle Neugeborenen passieren diese Region. Allerschönstes und Allerschmutzigstes liegen also eng beieinander. Dieser Archetypus birgt das Geheimnis von Genuss und Schmerz in sich, wobei beides häufig auf verwirrende Weise miteinander vermischt ist.

Das Verlangen nach Intensität und die anschließende erlösende Befreiung haben ihren stärksten Ausdruck im Orgasmus: Stimulierung wird zu einem Höhepunkt geführt, danach tritt häufig eine Überempfindlichkeit auf, die den bis dahin scheinbar unersättlich Sehnenden in einen Menschen verwandelt, der zu Ruhe kommen muss. Die Franzosen nennen den Orgasmus auch ›den kleinen Tod‹. Die Sterbe-Erfahrung, die man erlebt, während man zum Orgasmus kommt, braucht gar nicht spektakulär zu sein, aber häufig erinnert das Stöhnen auffallend stark an das eines kranken oder sterbenden Menschen. Manche Menschen haben dabei ein Erlebnis von Licht, ähnlich wie das, was bisweilen von Sterbenden beschrieben wird.

♏ *3. Chakra – Macht: Unserer Grausamkeit Gestalt verleihen*

Alles Leben hat die schmerzliche Eigenschaft in sich, dass es sich auf Kosten von anderem Leben erhält. Jeder Baum wächst, um als erster beim Licht zu sein und die Bäume, die im Wachstum zurückbleiben, sterben. Unsere liebenswürdigen Bienen werfen einfach die Drohnen aus ihrer Behausung hinaus und sogar der rigoroseste, Gummischuhe tragende Laktovegetarier hat seine

Seelenruhe der Tatsache zu verdanken, dass ein Kopfsalat nicht schreien kann, wenn er abgeschnitten wird. Der Mythologe Joseph Campbell führt aus, dass der Mensch *Mythen* erschafft, um sich mit dieser grausamen Schönheit des Daseins zu versöhnen. Die Indianer und andere Naturvölker waren davon überzeugt, dass ihre erbeuteten Tiere, wenn sie mit Liebe geopfert und mit Dankbarkeit verzehrt würden, im nächsten Jahr in erneuerter Gestalt zurückkehrten.

Wir Abendländer sind vom alttestamentarischen Denken geprägt, in dem die Natur sündig ist und von uns beherrscht werden darf. Wir betrachten uns selbst als Lehensherren der Natur. Auch heute noch, da Gott einen anderen Namen bekommen hat und jetzt Zufall heißt, dürfen wir weiterhin plündern. Kühe, Schafe, Hühner und Schweine werden in unserer Mythologie den Nutzpflanzen gleichgesetzt, die man ernten kann, und unter diesem Blickwinkel zeigt sich, dass tief in uns die Gewohnheit lebt, wie ein Skorpion von fremdem Blut zu zehren. Nur wollen wir dies nicht wahrhaben und gerade dadurch artet die Sache aus. Das Schlachten von Vieh geschieht am Fließband, praktisch maschinell und so weit wie möglich von unserem Bewusstsein entfernt.

Auch was die Gewalt gegen die Natur angeht, trifft man auf diese Polarisation zwischen dem Zehren von der Vitalität und der Blindheit für die Folgen. Seit die Klimaveränderungen als Folge des Treibhauseffekts spürbar werden, scheint das Motto ›Nach uns die Sintflut‹ aktueller und realer denn je.

Eine der wichtigsten Aufgaben unserer Zeit besteht darin, danach zu suchen, wie wir unserer Wildheit und

Grausamkeit eine Form geben können, ohne in Schlachtereien riesigen Ausmaßes oder die Vernachlässigung unserer Umwelt und unserer Kinder zu verfallen, denn ihnen gehört ja die Zukunft. Der erste Schritt besteht darin, erkennen zu lernen, wie tief in uns verwurzelt das Bedürfnis ist, einem anderen Menschen Schmerz zuzufügen und selbst Schmerz zu erfahren, wie stark das Verlangen ist, Macht auszuüben oder vielleicht auch Genuss dabei zu empfinden, regiert zu werden. Der nächste Schritt wird dann darin bestehen, funktionelle Gebiete zu finden, in denen der Archetypus Skorpion für den Mitmenschen (z. B. als Chirurg, Zahnarzt, Psychotherapeut) oder auch für sich selbst ›dienend‹ aktiv wird (d. h. ein Leben zu führen, in dem man echt und elementar lebt, ein Leben, in dem man vor Leidenschaft wirklich ›brennt‹).

♏ *4. Chakra – Soziales Leben: Gegenseitiger Erlösungsprozess*

Das mythologische Bild, das auf der Ebene des gesellschaftlichen Lebens zum Skorpion gehört, ist das der Amazone, die rigoros den Männern die Aufnahme in ihre Gesellschaft verweigert und die nicht davor zurückschreckt, ihr eigenes männliches Kind zu ertränken oder außerhalb der Gemeinschaft erziehen zu lassen. Die Wirklichkeit unseres Jahrhunderts sieht nicht weniger schauderhaft aus, wenn man bedenkt, dass unter anderem in China jährlich wahrscheinlich tausende von weiblichen Babys ermordet werden – eine Art männliche Variante des Amazonentums. Sublimiertere Versionen dieses Todestriebes sind die Geburtenbeschränkung auf der einen Seite des Lebenszyklus und die Euthanasie auf der anderen. Wiederum ein anderes Abbild desselben Vorgangs ist in der Weise zu erkennen, wie wir darüber reden, dass Stellen ›gekappt‹ und ganze Abteilungen ›ausradiert‹ werden. Diese Art Euphemismen erreicht ihren Höhepunkt, wenn wir über ›Präzisionsbombardements‹ eines ›sauberen Krieges‹ reden, der möglichst wenig Menschenopfer fordert, was den Anschein erwecken soll, dass die Schrecken des Krieges dadurch weniger schlimm würden.

Zu den liebenswerten Äußerungen des Archetypus Skorpion gehört die soziale Feinfühligkeit. Mit dieser Qualität schaffen wir es, den Finger auf die Wunde zu legen, einander in unserem Handeln wahrzunehmen, zu korrigieren und dadurch anzuregen, sodass wir allesamt eine höhere Ebene der Einsicht und Selbstverbesserung erreichen. Der Archetypus Skorpion wird somit Teil eines gegenseitigen Erlösungsprozesses, in dem das Schwarze zu einer Erscheinungsform des Lichtes wird. Denn, wenn wir die düsteren Seiten des anderen Menschen sehen, wird der nächste Schritt doch darin bestehen, mit ihnen auf akzeptierende Weise umzugehen und sich gegenseitig zu helfen, diese Eigenschaften in Schranken zu halten. Der Skorpion kann dann Übersicht und Abstand gewinnen und erneut zum Adler werden.

♏ *5. Chakra – Individuation: Dem Schmerz gerecht werden*

Wer lernen will, souverän mit seinem Lebensschicksal umzugehen, muss die Wichtigkeit der ›heiligen‹ Wunde erkennen. ›There is a crack in everything, that's how the light gets in‹, singt Leonard Cohen. In allem gibt es einen Riss, nur so kommt das Licht hinein. Unsere eigenen Verletzungen und Narben, physisch oder seelisch, bilden häufig das Tor zu unseren Talenten. Dies steht im Zusammenhang mit dem Mysterium des Opfers und der frühzeitigen Vernichtung von etwas, das noch länger hätte existieren können, das aber bereits auf einer bestimmten Entwicklungsstufe verwelkt und gestorben ist. Dieses frühzeitige Zerbrechen und Zerfallen von Dingen trägt das Mysterium der Erhöhung in sich. Denn was entzwei geht, kann erneuert, kräftiger und schöner wiederkehren. Nichts ist schöner als ein Mensch, der aus dem Vollen gelebt hat. ›Religion ist für Leute, die Angst haben, sie könnten in die Hölle kommen, Spiritualität ist für Leute, die bereits dort waren …‹, steht auf einem meiner T-Shirts.

Auf diesem düsteren und verwirrenden Terrain des Leidens-Sinns laufen wir Gefahr, uns selbst und andere Menschen unnötig zu quälen. Aber mindestens ebenso gefährlich ist die Tyrannei der Oberflächlichkeit, die von einer Kultur dirigiert wird, die Angst vor dem Leiden hat und versucht, den Tod aus ihrem Bewusstsein zu vertreiben. Auf dem Individuationsniveau sollte man besonders jenen Momenten Aufmerksamkeit schenken, in denen einem Unrecht widerfahren ist oder in denen man selbst einem anderen Menschen Unrecht zugefügt hat; man kann dann Scham und Schmerz auf ähnliche Weise willkommen heißen, wie man sich Erholung und Spaß im Leben herbeisehnt. Hier stellt sich die Frage nach der geheimen Triebfeder des persönlichen Schicksals: Spürst du, dass etwas in dir dieses Leben und dieses Leiden durchmachen will?

♏ *6. Chakra – Klares Denken: Erhebung und Wiedergeburt*

Wenn wir dem Leiden erlauben, läuternd auf uns zu wirken, indem wir es als einen unveräußerlichen Bestandteil unseres Schicksals und als Möglichkeit willkommen heißen, in höhere Regionen aufzusteigen, so werden die Urbilder des Adlers und des Phönix ihre Wirksamkeit entfalten. Sie stehen für die Möglichkeit, sich selbst zu erheben und aus den eigenen ›Bruchstücken‹ wieder geboren zu werden. Diese mythischen Kräfte kommen – wenn man Glück hat – zum Vorschein, nachdem man an der eigenen Scham, dem Selbstvorwurf oder der Wut auf andere Menschen tausend Tode gestorben ist. Eine akzeptierende Haltung, die von Erkenntnis begleitet wird, verwandelt sich in milde erlösende Kraft.

In solchen Momenten des Lebens ist man im Stande, sich selbst und anderen Menschen aus ungetrübter Einsicht und Intuition die Wahrheit auf eine Art und Weise beizubringen, die sonst als unerträglich peinlich oder vorwurfsvoll erlebt werden würde. Warum ertrugen wir so viel Schärfe und Grobheit von jemandem wie Ischa Meijer (siehe S. 101)? Weil er nach einer Jugend voller Traumata wusste, was Leiden war, weil er häufig Recht hatte und weil er vieles vergeben konnte. Es ist nun einmal so, dass wir von Menschen, die selbst wissen, was Leiden ist, mehr ertragen als von denjenigen, die ihren eigenen Sadismus und ihren Mangel an Empathie noch nicht verwandelt haben.

♏ *7. Chakra – Mystik: Eine Sprache – aus verschiedenen Kehlen*

Auf diesem Niveau kommt irgendwann ein Augenblick, indem man ›ja‹ zum Leben sagt, aber auch ›ja‹ zum Tod. Dies gilt zwar für die höchste mystische Ebene eines jeden Archetypus, aber hier gilt es noch stärker, weil man aus einem Bewusstsein von Gut und Böse zu einer Ebene aufsteigt, auf der alles eine Manifestation des Göttlichen ist. Es stellt sich dabei heraus, dass das, was wir aus Angst oder aus einem Bedürfnis nach Halt und Frieden als Böses missbilligten, ein unverzichtbarer Teil des Mysteriums ist. Es stellt sich heraus, dass Leiden und Glück möglicherweise miteinander verwandt sind. In den Worten des amerikanischen Dichters Robinson Jeffers klingt dies so:

Musik der Natur

Die alte Stimme des Ozeans, das Vogelgezwitscher
kleiner Flüsse
(der Winter gab ihnen Gold für Silber, um ihre Wasser
zu färben,
und lebendiges Grün für Braun, um die Ufer zu
säumen)
Lassen aus verschiedenen Kehlen eine Sprache erklingen.
Ich glaube deshalb, dass, wenn wir stark genug wären,
Um – nicht von Angst und Begierde zerrissen –
Dem Sturm der kranken Nationen zu lauschen,
Der Wut der durch Hunger gequälten Städte –
Das wir auch diese Stimmen rein wie die eines Kindes
finden würden,
Oder wie den Atem eines Mädchens, das einsam tanzt
An der Küste des Ozeans, träumend von Geliebten.

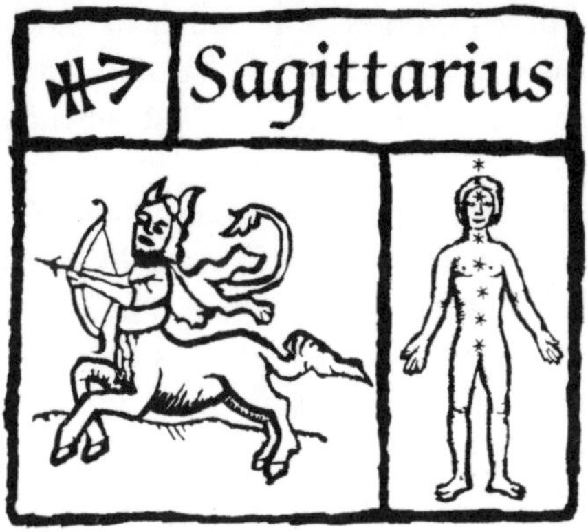

Schütze: Zwischen Idealismus und Ideologie

Im Jahreslauf wird das Urbild Schütze mit der zielgerichteten Kraft der Vorausschau in Zusammenhang gebracht, die nötig ist, um durch den Winter zu kommen. Wir gehen durch die dunklen Tage vor Weihnachten, in denen ein kleines Licht eine ebenso starke innere Wirkung erzeugt, wie die sonnenüberfluteten Tage des Sommers.

Das Symbol des Schützen ist ein schräg gerichteter Pfeil mit einem Querstrich. Als Gesamtbild stellt es eine Verwandlung des Skorpionbildes dar (dessen Symbol der Buchstabe M mit einem kleinen Pfeil ist).

Der entsprechende Mythos ist der des Herakles, der nach dem Sieg über die drachenähnliche Hydra seine

Pfeile in deren giftiges Blut eintaucht. Die Botschaft lautet: Das Gift des Skorpions hat sich vom Körperlichen gelöst und kann nun als Instrument eingesetzt werden.

Die Ikone stellt einen bogenschießenden Zentaur dar: einen Mann mit dem Unterleib eines Pferdes und einem menschlichen Oberkörper. Hier wird die gemischte Natur des Schützen sichtbar: starkes Triebleben und auf den Himmel gerichteter Idealismus.

Wesentliche Eigenschaften des Schützen sind: große Willenskraft, Begeisterung, Zielstrebigkeit und Idealismus. Schattenseiten sind: Rücksichtslosigkeit, Monomanie, triebhafte Impulsivität. Der Spruch ›der Zweck heiligt die Mittel‹ scheint eigens für das Urbild des Schützen erfunden zu sein.

♐ *1. Chakra – Frühe Jugend: Hingabe an das Spiel*

Im Kreis der Sternzeichen steht der Schütze den Zwillingen gegenüber. In diesem Zusammenhang sollte das Bild des Schützen gesehen werden, wenn das Verhalten kleiner Kinder betrachtet wird. Der spielerische Aspekt des Archetypus Zwillinge umfasst häufig auch gleichzeitig den gegenteiligen Aspekt, nämlich den des Schützen; geht ein Kind wirklich im Spiel auf, so zeigt sich dessen Qualität in dem Eifer und der völligen Hingabe, mit denen das Kind das Spiel als Wirklichkeit erlebt. Auch in anderen Momenten kann man beobachten, wie

Mahatma Gandhi, ein friedliebender Idealist

die zwei scheinbaren Gegensätze Spiel und Disziplin einander ergänzen, nämlich, wenn das Kind über zukünftige Unternehmungen fantasiert, sich Ziele setzt und Ideale entwickelt.

In der Pubertät tritt dieses Zusammenspiel aufs Neue in Erscheinung, wenn sich der Jugendliche an Idolen orientiert, wobei die Nachahmung des Idols in den Bereich der Zwillinge fällt und der Fanatismus, mit dem der Jugendliche seine Identität aufbaut, dem Schützen zugeordnet wird.

Wurde aber während der frühen Jugend das Gleichgewicht zwischen Verspieltheit und Idealismus gestört, indem z.B. zu wenig Verspieltheit oder zu wenig Vorbilder vonseiten der Erzieher vorhanden waren, so führt dies in der Adoleszenz unter Umständen dazu, dass die eigene Identität an ›Gangs‹ oder an größenwahnsinnige Sektenführer abgegeben wird. Häufig sieht dies schlimmer aus, als es eigentlich ist; fanatische anarchistische Punks sind nach fünf Jahren brave Bürger geworden. Jedenfalls haben wir alle den Auftrag, einen Mittelweg zu finden zwischen einem sinnentleerten Dasein und einem Leben, in dem man von den Zielen, die man sich selbst gesetzt hat, förmlich besessen ist.

♐ *2. Chakra – Erotik: Grundlage des Trieblebens*

Die Bedeutung des Unterleibes in der Erotik bedarf keiner großen Erläuterung. Das Urbild des Schützen herrscht im menschlichen Körper über die Gebiete mit der größten Muskelmasse: Oberarme, Oberschenkel und Gesäßmuskeln. Diese Muskeln liefern die Kraft für den Geschlechtsakt – der vom Schützen regierte Körperbereich bildet die Grundlage des Trieblebens und stellt auch die Willenskraft zur Verfügung, mit der wir dabei gezielt zur Tat schreiten. Hier, beim Verführen des Partners, tritt abermals das Zusammenwirken zwischen Zwillinge und Schütze auf. Es ist zwar ein *Spiel*, das wir spielen, aber es hat einen ernsten Unterton. Es gibt sich den Anschein, ein freilassendes Auskundschaften zu sein, hat aber oft, ohne dass die Betreffenden es selbst zu wissen brauchen, ein feststehendes Ziel. Der Biologe wird dieses Ziel als den Fortpflanzungstrieb bezeichnen, der Psychologe als das Bedürfnis, die eigene Einsamkeit aufzuheben und der eher spirituell orientierte Mensch sieht darin den Willen, dem anderen Menschen wirklich zu begegnen.

Das Bild des Bogens zeigt sich auch in der Position, die in der Psychologie als *arc de cercle*, als ›Bogen nach hinten‹ bezeichnet wird; beim Erleben von Erregung wölbt sich der Körper manchmal bogenförmig nach hinten. Auch wenn die Frau den Mann während des Liebesspiels ›reitet‹, entstehen bisweilen fast rodeoähnliche Szenen. Im viktorianischen Zeitalter war es üblich, dass sich eine Hysterikerin einer Nichtigkeit wegen halb ohnmächtig nach hinten in die Arme eines starken Mannes fallen ließ.

♐ *3. Chakra – Macht: Fanatischer Jäger*

Im Bereich der Macht und Kompetenz tritt das Bild des Schützen in Gestalt des fanatischen Jägers zum Vorschein. Er oder sie hat immer nur eine Sache im Kopf und lässt sich von nichts beirren oder abschrecken. Die Rücksichtslosigkeit, mit der dabei das Ziel verfolgt wird, ist z.B. in einem Film wie *Bladerunner* deutlich dargestellt, in dem Harrison Ford auf Wesen Jagd macht, die sehr eng mit ihm verwandt sind. In diesem Streifen entsteht das Drama dadurch, dass sogar dieser monomane Jäger von Liebe und Mitleid berührt wird.

Der Schütze wird den so genannten Feuerzeichen zugeordnet. Das reine Frühlingsfeuer wird durch den Widder repräsentiert, die ›durchblutete‹ sommerliche

Qualität durch den Löwen und das eher verinnerlichte Feuer durch den Schützen. Jetzt versteht man vielleicht auch, wie es möglich ist, dass Finsternis das Feuer durchzieht: Licht und Finsternis sind miteinander vermischt, und im günstigsten Fall entsteht eine höhere Form, wobei der Mensch Gut und Böse hinter sich lässt und so vielseitig wie möglich wird. Darum berührt uns die Lebensdynamik des Buddha auch so: Er hat wirklich das irdische Leben gekostet, bevor er sich davon distanzierte; Jesus scheute die Gesellschaft von Huren nicht; Maria Magdalena, die eine Hure war, schloss sich später, alten Überlieferungen zufolge, der Schar der Jünger an; Krishnamurti hatte eine Phase mit viel Geld, schnellen Autos und vielen Frauen hinter sich, bevor er – jedenfalls innerlich – zur Ruhe kam.

♐ *4. Chakra – Soziales Leben: Der Trieb sich zusammenzuschließen*

Auf der Ebene des sozialen Lebens handelt es sich darum, ›soulmates‹, d.h. gleich gestimmte Seelen zu finden, die vielleicht nicht den gleichen Weg gehen, aber deren Wege zum Teil parallel laufen. Auf diese Weise entstehen Freundeskreise, aber auch Interessengemeinschaften oder Betriebsfusionen.

Der Trieb, sich mit Gleichgesinnten zusammenzuschließen kann auf ein niedrigeres Niveau abgleiten, wenn ein zu starker Machtkampf entbrennt. Dann wird darüber diskutiert, in welchem Maße die Gemeinschaft

Monopolbildung erlaubt, so wie das z.B. in letzter Zeit erlebt werden konnte bei der Kartellanklage gegen Microsoft. Dies spiegelt auch deutlich die ambivalente Haltung des Konsumenten gegenüber der Segnungen der Funktionalität: Einerseits ist es praktisch, ein einziges weltumspannendes Computerbetriebssystem zu haben, andererseits aber ist es dem System des ›Big Brother is watching you‹ von Georg Orwell gefährlich ähnlich.

Zu dem Bedürfnis, physische und geistige Muskelbündel (auch die Oberarme werden dem Sternbild des Schützen zugeordnet) zu entwickeln, gehört auch, dass man sich selbst Ziele setzt. Disziplin erfordert Opfer. Im Bereich des sozialen Lebens ist es unvermeidlich, sich die Hände schmutzig zu machen und, wie die Amerikaner sagen, Eier zu zerschlagen, um ein Omelett zu backen. Aber manchmal ist der Idealist nicht wirklich bereit, selbst das nötige Opfer zu bringen. In diesem Fall müssen andere Menschen die Arbeit für ihn erledigen. So entsteht das Bild eines Menschen, der ›über Leichen geht‹ und nach dem Motto lebt: ›Der Zweck heiligt die Mittel‹. Dieser finstere Aspekt herrscht dann vor, wenn ein Mensch, dem es an innerer Lebensfreude fehlt, sich selbst ein Ziel setzt. Ist die Lichtseite des Ideals nicht vorhanden, so wird Idealismus grundsätzlich zur Ideologie. Die zusammenschließende Kraft des Schützen kann dann zur gewaltsam bündelnden Wirkung des Faschismus führen.

♐ 5. Chakra – Individuation: Die Suche nach dem, was funktionell ist

Im individuellen Lebensprozess zeigt sich das Urbild Schütze einerseits in der Gestaltung des eigenen Lebenslaufs sowie im Streben, seine Ziele zu erreichen; andererseits in dem Auftrag, herauszufinden, was für einen selbst funktionell wichtig ist. Dies bedeutet für den einen Menschen z.B. die Entdeckung, dass er sich nicht länger mehr den Regeln einer Subkultur unterordnen will, für einen anderen dagegen, dass er eine bestimmte Richtung oder einen Verhaltenscode gefunden hat, in dem er sich zu Hause fühlt.

In dieser Beziehung ist es richtig, auf das eigene Herz zu hören; dies hört sich allerdings leichter an, als es ist. So es kann durchaus sein, dass hinter dem persönlichen Lebenslauf ein geheimnisvoller Trieb verborgen liegt, der z. B. mit dem Willen zusammenhängt, Verletzungen, Kummer und Verlusterfahrungen zu suchen, um zu reifen. Der Eingebung des Herzens zu folgen, kann dann paradoxerweise bedeuten, dass man zwanzig Jahre seines Lebens scheinbar verplempert oder ungelebt vorübergehen lässt. Ein typisches Beispiel einer solchen ›ungeschickten‹ Schütze-Individuation ist die Zielstrebigkeit, mit der bisweilen eine Ehe gewollt und gestaltet wird. Haus, Karriere, Kinder folgen in rasantem Tempo aufeinander, bis schließlich einer der Partner entdeckt, dass bei all dem sein Herz nicht wirklich dabei war. Nun kann er es entweder bedauern nicht eher ausgestiegen zu sein; oder er akzeptiert, dass das Leben eigentlich mit ihm etwas anderes vorhatte; oder er erkennt die Tatsache an, dass er eben einfach ein Spätentwickler ist.

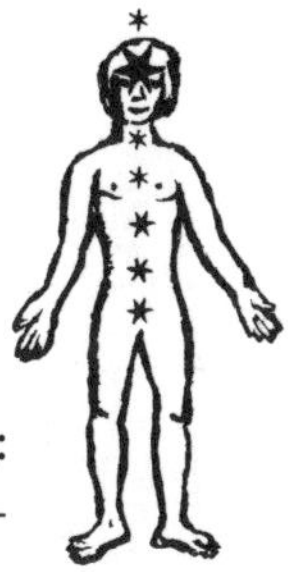

6. Chakra – Klares Denken: Konkretisiere das, wonach du strebst

Auf dieser Ebene kennt die Sprache die Redewendung: ›sein Ziel klar vor Augen haben‹. Hier entsteht die Möglichkeit der imaginativen Visualisierung oder, wie Steiner es nennt, der ›exakten Fantasie‹. Marinus Knoope deutet in seinem Buch ›Die Kreationsspirale‹ auf die Notwendigkeit hin, das, wonach man strebt, aufs Genaueste in Gedanken und Bildern zu konkretisieren. Viele Menschen berichten, wie während der Verwirklichung ihrer Ziele der ›Zufall‹ mitgespielt hat. Funktionelles Denken und magische Prozesse scheinen einander dabei abzuwechseln.

Eine andere Qualität dieser Bewusstseinsebene kann man erwerben, indem man sich eine Konzentrationsübung vornimmt, die in der esoterischen Praxis eine wichtige Rolle spielt. Dabei lenkt man seine Aufmerksamkeit auf einen Gegenstand und beschreibt ihn in allen Einzelheiten, sein Aussehen, seine Funktion usw.. Die Kunst besteht nun darin, keinen Gedanken zuzulassen, der sich nicht auf dieses Objekt bezieht. Merkwürdigerweise hat ein solch diszipliniertes Konzentrationstraining zur Folge, dass man sich freier fühlt.

Der dritte Aspekt kommt darin zum Tragen, dass man z.B. als Redner die Fähigkeit entwickelt, einen großen

Spannungsbogen festzuhalten. Die Zuhörerschaft kann einen ruhig unterbrechen und man kann sogar vom Thema abschweifen; trotzdem behält man innerlich den roten Faden seiner Ausführung weiterhin im Auge.

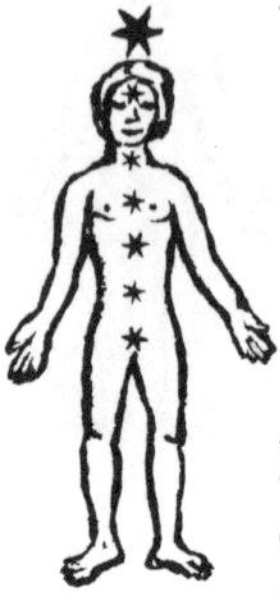

7. Chakra – Mystik: Ziel und Weg fallen zusammen

Die Kunst des Bogenschießens bildet nicht umsonst den populärsten Bestandteil der Zen-Meditation. Ziel und Weg fallen zusammen. Vorbereiten auf das Schießen, Leermachen des Denkens, Einswerden mit Bogen, Pfeil und Ziel sind alles Aspekte einer Spiritualität, in der Handlung und Kontemplation zusammenfallen. In diesem Bereich ist die innere Haltung erforderlich, die der Schriftsteller Carlos Castaneda als ›intent‹ (aufmerksam, konzentriert) bezeichnete. Die Art und Weise, wie die Handlung verrichtet wird und wie die Intensität des Bewusstseins ist, bestimmt deren Wert. So entsteht die paradoxe Möglichkeit, ziellos zielstrebig zu sein. Dabei erhält jede Handlung dieselbe Schönheit und kann zur Meditation werden; das Ziel des Handelns kann sein: kein Ziel zu haben.

Auf diesem mystischen Niveau erlebt man sich selbst als Mittel einer umfassenderen Zielsetzung. In diesem Bereich gehören die Bilder der Gottheit, die den Kosmos erschafft, möglicherweise mit einem Grund oder Ziel vor Augen, aber vielleicht auch nicht. Wir kennen eine Lektion Buddhas, die manchmal auch als die ›Blu-

Wenn Idealismus zu Ideologie wird: David Koresh, Leiter der Davidianer-Sekte aus Waco, Texas. Im April 1993 fanden 74 Mitglieder der Sekte den Tod in einem Flammenmeer, das vermutlich von ihnen selbst angezündet worden war.

menrede‹ bezeichnet wird. Statt wie sonst eine Rede zu halten, hielt Buddha nur eine Blume in die Höhe. Die Zuhörer waren zuerst irritiert und wunderten sich, aber schließlich begriff einer die Botschaft der Rede: Die Bedeutung einer Blume besteht nur darin, *da zu sein*. Auf der mystischem Ebene besteht der Sinn der Schöpfung darin, dass sie existiert in all ihrer unheimlichen Schönheit.

Steinbock: Zwischen irdischer und himmlischer Ambition

Im Jahreslauf ist der Steinbock in der Zeit der Wintersonnenwende um den 22. Dezember angesiedelt. Die dunklen Tage vor Weihnachten führen uns in die Finsternis hinein und zwingen uns zur Einkehr. Durch diese Selbstkonfrontation verfällt manch einer in Trübsinn. Aber die Weihnachtsgrüße von überall her künden bereits das Licht am Ende des Tunnels an.

In seiner Rolle als Tröster und Erlöser wird Christus als das Licht der Welt bezeichnet. Die Gründer der katholischen Kirche wussten um den Zusammenhang zwischen äußerem Jahreslauf und inneren Prozessen. Aus diesem Grund entschieden sie sich im vierten Jahrhundert dazu, die Geburt Christi mit den älteren Feuerfesten der Wintersonnenwende zusammenfallen zu lassen.

Das Symbol dieses Sternzeichens ist der Steinbock, der todesmutig in große Höhen hinaufklettert und, falls er aufgescheucht wird, den Berg hinauf flieht, dabei aber niemals aus dem Blickfeld verschwindet. Merkwürdigerweise ist dieses Tier, das häufig als das Symbol eines Menschen genommen wird, der einsam an der Spitze steht, ein Herdentier. Im Steinbock sind wir gleichzeitig allein und doch zusammen.

Die entsprechende Ikone ist eine Kombination von zwei Hörnern und einem Ringelschwanz. Dies deutet auf eine vorchristliche Bildgestaltung hin, in der der Steinbock noch ein ›Ziegen-Fisch‹ war: ein mythologisches Tier, das mit seinen Hörnern dem Licht entgegenstrebt, aber gleichzeitig mit seinem Fischschwanz tief im Unbewussten zu verweilen vermag. In okkulten Kreisen wird das Zeichen des Steinbocks bisweilen mit einem Seraphimsymbol in Zusammenhang gebracht, manchmal wird diese Figur aber auch als ein Paar Teufelshörner gesehen; der Schwanz wird dann als Teufelsschwanz interpretiert. Auf diese Weise wird der Steinbock zum Symbol der Tendenz, die Erde zu fliehen und der Gegenpol Krebs zum Symbol der Tendenz, sich an die Erde zu binden.

Essenzielle Eigenschaften des Steinbock-Archetypus sind: Hinaufstreben (in sowohl materieller als auch geistiger Hinsicht), Mut, Einsamkeit, Askese und die Kraft, andere zu erlösen. Schattenseiten sind: Übermut, Geringschätzung, unbeirrbare Ambitionen und Abneigung gegen das Erdenleben (auf das irdische Jammertal herabblicken).

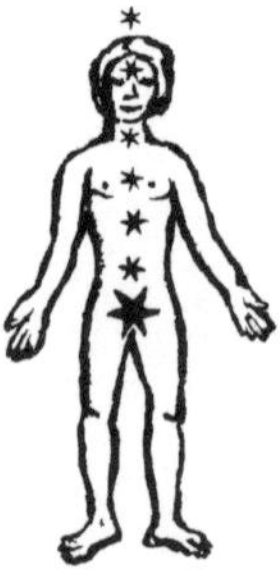

♑ *1. Chakra – Frühe Jugend und beginnende Erwachsenheit: Bocksprünge und Streiche*

Der Steinbock zeigt sich im wortwörtlichen Sinn, wenn Kinder gefährliche Spielchen treiben, auf Bäume klettern und Streiche ausführen. Die Körperregionen, die dem Steinbock zugeordnet werden, sind Ellbogen und Knie. Bei lebhaften Kindern sind dies die ›bevorzugten‹ Stellen für Verletzungen.

In einer gesunden Situation entwickelt jedes Kind in gewissem Maße die Fähigkeit, allein sein zu können und das Bedürfnis, sich von den anderen in seiner Umgebung zu unterscheiden, also entweder besser als sie oder einfach einzigartig zu sein. Hat das Kind diesen Drang aber nicht richtig in der Hand, so entwickelt es eine Neigung zu Unfällen oder ein hyperaktives tollkühnes Verhalten. Eine andere Einseitigkeit des Steinbocks ist sein Bedürfnis nach Einsamkeit. Manchmal aber artet dieses aus und dann hat man es z.B. mit dem Typus des (fast) autistischen Kindes zu tun, das jegliche Gesellschaft meidet. Ein Erziehungsfehler, der mit der Höhen-Erfahrung des Steinbocks zusammenhängt, tritt dann auf, wenn Eltern, die ihrem Kind eigentlich ein Selbstwertgefühl vermitteln wollen, ihm stattdessen ein Gefühl der eigenen Überlegenheit einreden. Auf diese Weise wird manchmal ein übertriebenes Selbstwertgefühl hochgezüchtet, das aber so schwach verwurzelt ist, dass sich der Mensch als Kind oder später als Erwachsener gezwungen fühlt, sich täglich zu beweisen, weil er sonst in ein schwarzes Loch zu fallen droht.

Ähnliches spielt sich ab, wenn das Kind sich selbst einredet oder seine Eltern ihm glauben machen, dass es sich vor nichts fürchtet. In diesem Fall wird bisweilen ein großer Teil der Aktivität des Betreffenden darauf gerichtet sein, ›kontra-phobisch‹ zu wirken. In anderen Worten: der Mensch tut gerade das, was er fürchtet, ohne dass er aber dabei spürt, dass er im Grunde Angst vor dieser Tätigkeit hat.

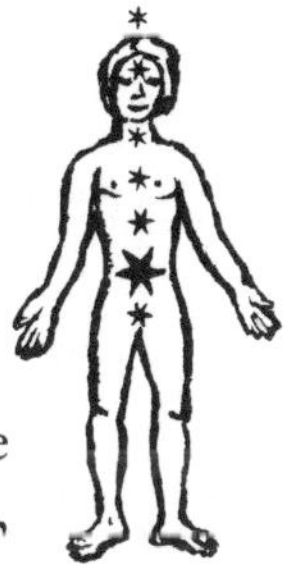

♑ *2. Chakra – Erotik: Lichterfahrungen*

Das Steinbockthema kommt in der Erotik in dem Maße zum Tragen, indem der Mensch sich selbst genug ist, sexuelle Enthaltsamkeit erträgt und sich sogar manchmal während des Liebesakts einsam fühlt, ohne dass er dies als etwas Beängstigendes empfindet.

In späteren Phasen der sexuellen Entwicklung sorgt dieser Archetypus für den Übergang von physischem Genuss zur Erfahrung des Lichtes, das sich hinter der Materie verbirgt. Diese wird bisweilen von einer ekstatischen Erfahrung ausgelöst, tritt aber auch in Augenblicken von großer Zärtlichkeit auf. Manchmal ist es, als ob der Partner dabei transparent wird oder als ob ein Hauch von Licht zwischen den Liebenden ›sichtbar‹ wird. Ein östlicher Spruch besagt: ›Diejenigen, die die Einsamkeit wie Götter trugen, können endlos lieben.‹

Verläuft bei einem Menschen das Zusammenspiel von Einsamkeit und asketischem Bewusstsein weniger ideal, so wird dessen Partner sich über Unnahbarkeit und Unberührbarkeit beklagen. Geringschätzung wird vielleicht in sado-masochistischen Formen oder als Narzissmus (Unfähigkeit, dem andern Menschen wirkliches Interesse entgegenzubringen) zum Vorschein kommen. Die Erotik wird dann karg und kalt. Dabei drückt sich die dem Steinbock innewohnende Fähigkeit des Überblicks darin aus, dass der Betreffende aus seinem Körper hinausgeht und von oben herab dem Liebestreiben zuschaut. Hier liegt der Ursprung der vielen Witze über Frauen (und über manche Männer), die während des Geschlechtsverkehrs etwa eine Birne schälen oder feststellen, dass die Zimmerdecke einen neuen Anstrich vertragen könnte. Die Steinbockenergie des Überblicks und der Einsamkeit stellt sich in den Dienst des Aus-dem-Körper-Gehens. Dies kommt häufiger bei Frauen vor, möglicherweise deshalb, weil die weibliche Inkarnation weniger tief ist, und weil die Frau in physischer und sexueller Hinsicht verletzlicher ist als der Mann. Auf emotionellem Gebiet spielt sich meistens das Gegenteil ab: Der Mann ist oft nur zum Teil anwesend und er zieht sich in den Kopf zurück, während bei der Frau häufig der bevorzugte Seelenbereich das Gefühlsleben ist.

Microsoft-Chef Bill Gates: gefeiert und einsam

♑ 3. Chakra – Macht: Die Ellbogen gebrauchen

Im Bereich der Macht bekommt die weit verbreitete Methode, seine Ellbogen zu gebrauchen, einen symbolischen Charakter. Der Wettbewerb wird gesucht und der Weg zum Gipfel erfordert manchmal harte Kämpfe. Hierher gehören die Bilder des einsamen Managers oder des Präsidenten an der Spitze der Firmenhierarchie, gefeiert und einsam zugleich. Wird nicht rechtzeitig mit dem Prozess der Vergeistigung begonnen, so verwandelt sich die einst so gefeierte Führungspersönlichkeit in ein tragikomisches menschliches Wrack. Denn das Streben nach materiellem Überfluss oder Macht sollte nichts anderes als eine Zwischenphase sein, die nach der Lebensmitte von einer anderen Phase abgelöst wird, in der sich dieses Streben in ein Streben nach dem Licht umgestaltet.

Ein anderer Aspekt des Steinbocks ist der der *Kompetenz*. Er zeigt sich in der Freude, mit der gefährliche Sportarten (Fallschirmspringen, Auto- und Motorradrennen, Bergsteigen, Ski fahren, Wildwasserkajak) betrieben werden. Die auffallende Tendenz des modernen Menschen, durch die Natur wieder zum elementaren Erleben zu kommen, ist deutlich erkennbar in den zahlreichen Überlebenstrainings-Angeboten für Kinder und Erwachsene. Immer wieder zeigt sich, dass es in der menschlichen Seele einen Bereich gibt, der sich nicht durch eventuelle Vernichtung abschrecken lässt, einen Bereich, der eine starke Affinität zu extremen Erfahrungen hat. Viele Bergsteiger werden süchtig nach diesem ›thrill‹ und berichten, dass sie sich erst wirklich lebendig fühlen, wenn sie dem Tod Auge in Auge gegenübergestanden haben.

♑ *4. Chakra – Soziales Leben: Seilschaft des Lichts*

Wichtige Aspekte des sozialen Lebens sind gegenseitige Anteilnahme und die Tatsache, dass wir einander brauchen. Aber mindestens genau so wichtig ist die Fähigkeit, auf sich gestellt zu sein und aus dieser unabhängigen Position heraus den anderen Menschen entgegenzutreten. Wir können in vielerlei Hinsicht einsam sein. Der Tatsache, dass ein Mensch sich selbst genug ist, kann die Unfähigkeit zu Grunde liegen, sich mit den

Mitmenschen auszutauschen; anderen Menschen dagegen vermag diese Lebenshaltung eine unglaubliche Freiheit zu geben. Denn ein solcher Mensch tritt dem anderen Menschen nicht aus einer Haltung der Abhängigkeit entgegen, sondern aus der Erkenntnis, dass er auch ohne diesen sozialen Kontakt auskommt. Das Netzwerk dieser besonderen Art von einsamen Menschen bildet eine inspirierende Form von Verbundenheit. Unter solchen Menschen herrscht nicht die Illusion, dass sie im Stande wären, einander wirklich vor dem Hinfallen zu bewahren, sondern vielmehr die Erkenntnis, dass sie sich gegenseitig unterstützen können, weil jeder ahnt, was der andere durchmacht.

So wie bei einer Seilschaft von Bergsteigern das Seil die gegenseitige Verbundenheit verkörpert, könnte man hier von einer ›Seilschaft des Lichts‹ sprechen, deren Vorhandensein sich vor allem auch im Traumleben manifestiert. Manchmal merkt man in seiner Einsamkeit, dass ein anderer Mensch an einen denkt; oder umgekehrt, man fühlt, dass einer der Weggefährten in Not ist. In diesem Fall ist es möglich, sich gegenseitig zu unterstützen, indem man sein eigenes Leben möglichst intensiv lebt, indem man nicht aufgibt, sondern auch ›brennt‹. Trost und Unterstützung von jemandem zu empfangen, der selbst auch vieles durchgemacht hat, wirkt nun einmal besoders stark.

Hier begegnen wir es der Essenz der erlösenden Wirkung des Steinbocks auf der sozialen Ebene: Menschen, die selbst durch Angst und Einsamkeit gegangen sind, strahlen eine inspirierende und befreiende Wirkung auf ihre Mitmenschen aus.

♑ *5. Chakra – Individuation: Würdig in die Knie gehen*

Hier findet eine Verdoppelung von Kräften statt, weil es beim Steinbock ohnehin bereits um das Thema der Individuation geht. Wer alles hinter sich gebracht, seinen Lebenslauf durchlebt und nicht mehr so große Angst vor Einsamkeit oder Tod hat, dem geht es schlussendlich nur noch um die Frage: Gelingt es mir, ein Verhältnis zum Höheren zu finden und mit Würde in die Knie zu gehen? In dem Lied *Mysterious Ways* singt die irische Rockband U2 ganz zutreffend: *If you want to kiss the sky, you better learn how to kneel … (Willst du den Himmel küssen, so solltest du lernen niederzuknien …)*

Wenn man auf das eigene Leben zurückblickt, entdeckt man, dass die Zeiten, in denen man die größten Triumphe erlebte und die Zeiten, in denen man zutiefst gelitten hat, eine mysteriöse Glut bekommen. Dies führt uns direkt zu der Frage, auf wessen Verdienst eigentlich Erfolg und Misslingen beruhen. Fragen, die den Menschen auf dieser Ebene beschäftigen, sind : Wer oder was entscheidet in mir, was will die geistige Welt von mir? Man wird dabei entdecken, dass man im ›aktuellen‹ Moment immer eine gewisse Freiheit hat, und dass man im Nachhinein, wenn es einem möglich ist, die Ereignisse in ihrer Gesamtheit zu überblicken, die Empfindung bekommt, dass man nicht anders hätte handeln können, als man gehandelt hat. Der Steinbock verschafft uns einen Überblick, in welcher Hinsicht un-

Bono, Rockband U2: ›Willst du den Himmel küssen, so solltest du lernen niederzuknien …‹

sere Lebensgeschichte einzigartig ist, und er zeigt uns, wie unser Lebenslauf, gerade wegen dieses Einzigartigen, das ihm zu Grunde liegt, determiniert wird. Dabei stellt sich heraus, dass Frei-Sein und Determiniert-Sein Hand in Hand gehen.

♑ *6. Chakra – Klares Denken: Im täglichen Leben verankert bleiben*

In seinem inspirierenden Buch über Kosmologie *Isis Sophia* führt der Astronom und Astrologe Willi O. Sucher aus, dass man die Hörner des Steinbocks am besten als materialisierte Form von Licht-Sinnesorganen begreifen kann. Während der Meditation treten manchmal Momente auf, in denen die Welt zu leuchten anfängt oder in denen man mit den Augen blinzelt und sieht, wie Bäume zu Säulen von Licht werden. Auch wer diese Art Erfahrung nicht hat, kann mithilfe des klaren Denkens die Welt zu seiner geistigen oder energetischen Urform zurückführen. Das klare Denken wirkt hier als eine Form von Bewusstsein, mit der eine exakte Art von Fantasie auf die Welt angewendet wird. In diesem Fall ist man im Stande, praktisch zwar unmögliche, aber dennoch logisch durchaus denkbare Vorstellungen zu bilden; so werden Tische und Steine mit dem unendlichen Zwischenraum zwischen ihren Molekülen durchlässig; auch stellt sich heraus, dass Moleküle und Atome auch nicht viel anderes als tanzende Felder sind.

Der Eintritt in solche Art Gebiete, wobei man durch Analysieren der Welt diese als Illusion begreift, birgt allerdings die Gefahr in sich, dass ein illusionäres Gefühl von High-Sein von einem Besitz ergreift. Die Herausforderung besteht nun darin, das Bewusstsein gleichzeitig auf mehreren Ebenen aktiv werden zu lassen: Einerseits ist da die Erkenntnis, dass alles eine Form von Licht ist, andererseits die Praxis des alltäglichen Lebens. Die Gefahr auf der Ebene des klaren Denkens besteht darin, dass man zu sehr zu den Sternen aufschaut und somit das Interesse für das irdische Jammertal verliert.

♑ *7. Chakra – Mystik: Der tröstende Einsiedler*

Das Urbild, das dieser Ebene entspricht, ist der Einsiedler, der durch irdische Prüfungen (meistens mit der Zahl vierzig dargestellt – die vier irdischen Elemente mit zehn multipliziert) in einer Wüste – im wörtlichen oder übertragenen Sinn – zur Erleuchtung gelangt ist. Diese Erleuchtung hat im Idealfall eine erlösende Wirkung auf die Umgebung, nämlich dadurch, dass der Einsiedler anfängt, die Menschen zu belehren. Sogar, wenn er oder sie weiterhin zurückgezogen lebt, ist es denkbar, dass ein solch liebevoller Geist allein schon durch seine Anwesenheit eine Wohltat für die Welt und die Erde darstellt.

Der mystische Tod auf dieser Ebene beinhaltet vor allem, dass das menschliche Ego durch eine universelle Art von Weisheit und Begeisterung ersetzt wird, mit denen der Einsiedler oder eine Person, die sich völlig von der Welt losgesagt hat, andere Menschen tröstet und ihnen den Weg weist. Im Geschäftsleben kommt dies in dem Typus des Managers in Ruhestand zum Ausdruck, der sich von Stress und Ambitionen befreit hat, im Nestor oder Altpräsidenten und in der Führungspersönlichkeit, die mit allen Wassern gewaschen ist. Ihr intensives Leben hat ihnen eine Art goldener Glut, Charisma oder erlösende Anziehungskraft verliehen. Diese brauchen nicht immer Menschen zu sein, die der Welt (vorübergehend) völlig entsagt haben, wie Mutter Teresa, Mahatma Gandhi, Nelson Mandela oder

Václav Havel. Jeder kennt bestimmt in seiner Umgebung ein oder zwei alte weise Menschen, deren Haut und auch deren Seele wie transparent geworden sind und die durch ihre einfache und zugleich göttliche Anwesenheit beweisen, dass das Leben wert ist, voll und ganz gelebt zu werden.

Wassermann: Zwischen Jammern und Jauchzen

Das Urbild Wassermann situiert sich im Jahreslauf im Niemandsland zwischen Winter und Frühjahr. Die Tage werden deutlich länger, aber es wird manchmal auch noch gehörig kalt.

Manche genießen die Klarheit der Kälteperiode, andere fühlen sich erschöpft und die Frühjahrsmüdigkeit schlägt unbarmherzig zu.

Das Symbol des Wassermanns stellt einen Mann dar, der selbst im Wasser steht und seinen Krug in eine Quelle ausschüttet, die übrigens häufig von hinten den Krug wieder speist. Der mit diesem Symbol verbundene Mythos ist der des Ganymed, eines bildschönen Jünglings, der im jungen Alter von Zeus getötet wird, damit er fortan als Mundschenk die Götter mit Nektar bediene.

Die Ikone besteht aus zwei parallelen wellenförmigen Linien. Dieses Zeichen wird oft so gedeutet, dass eine Wellenbewegung vom Menschen weggeht und die andere zum Menschen hinfließt. Als Gegenpol zum Löwen, der Herz und zentralen Blutkreislauf beherrscht, versorgt der Wassermann den peripheren Aspekt des Blutkreislaufes.

Essenzielle Eigenschaften des Wassermanns sind: Soziales Gefühl, Altruismus, das Bedürfnis zu schenken, Devotion und meditative Fähigkeit. Seine Schattenseiten sind: undifferenzierte Persönlichkeit, Erschöpfung, Verschmutzung der eigenen Quelle (klagen und nörgeln), Vorwürfe machen, moralisierende Selbstquälerei.

♒ *1. Chakra – Frühe Jugend: Ein Hauch von Vitalität*

Wird in einer Familie ein Kind geboren, so breitet sich im Haus ein deutlich wahrnehmbarer, pflanzlicher Hauch von Vitalität aus. Viele Menschen, die ein Neugeborenes im Arm haben, atmen den Duft ein, den das Köpfchen verströmt, als ob es sich um ein kostbares Parfüm handeln würde. Diesen Duft könnte man wie eine Erscheinungsform der Lebenskraft auffassen, in der das Kind wie in einer Wolke eingehüllt ist.

Je älter das Kind wird, desto stärker macht es sich diese anfänglich unbestimmte Vitalität zu eigen, sodass diese

›Strahlende Selbst-Losigkeit‹: Ben Kinsley, englischer Schauspieler

immer fester in seinem Körper verankert wird. Im Idealfall wird das Kind noch über längere Zeit einen derartigen Überschuss an Vitalität besitzen, was sich in einem großen Bedürfnis nach spielen und herumtoben äußert.

Der Thematik der Schattenseite begegnen wir, wenn ein Kind selbst wenig Lebenskraft mitbringt oder wenn es in eine Familie hineingeboren wird, in der Depressionen und Erschöpfung herrschen. In letzterem Fall wird die Vitalität, die eigentlich für den Aufbau des kindlichen Körpers nötig ist, dem Überleben des Familiensystems zur Verfügung gestellt, was später häufig als eine Art Missbrauch erlebt wird. Nach der Verarbeitung dieser Missbrauchserfahrungen akzeptiert der Betroffene meistens die Unvermeidbarkeit eines solchen Raubbaus in zwischenmenschlichen Situationen. Macht er diesen Prozess der Akzeptanz aber nicht durch, so bleibt er verbittert zurück. In diesem Fall drückt sich die Dynamik in der Frage aus: Sieht der Mensch das, was er hergeschenkt hat, als eine freie Gabe an oder fühlt er sich beraubt? Das erzwungene Geben kann nach einem oft langwierigen Prozess des Erwachsenwerdens schließlich (nach einer unvermeidlichen Periode der Wut) in Vergebung umgewandelt werden.

2. Chakra – Erotik: Streicheln und gestreichelt werden

Im erotischen Bereich finden wir die Lust am Schenken darin wieder, dass Liebende sich gerne streicheln und verwöhnen. Kommt auf dieser Ebene die Energie richtig in Fluss, so ist es häufig genauso schön, ob man streichelt oder selbst gestreichelt wird. Eine andere Äußerungsform dieses Bildes tritt auf, wenn man im wortwörtlichen und übertragenen Sinn im anderen Menschen zerfließt, in seinen Augen ertrinkt, ihm sein Herz schenkt oder sein Herz an ihn verliert.

Die Kehrseite dieser Eigenschaft ist natürlich in dem Schrecken wahrnehmbar, mit dem man hinterher feststellt, dass man sich selbst verloren hat oder dass man zu viel von sich selbst verschenkt hat, sodass man nun versuchen muss, sich selbst wieder zu finden. Dabei schlägt die ursprüngliche Begeisterung des Wegschenkens manchmal auch in das Gefühl um, dass man betrogen und ausgenutzt wurde, oder noch schlimmer, dass man den totalen Verlust seines Selbst feststellt.

Eine ähnliche Problematik tritt auch dann auf, wenn ein Mensch einem Guru verfällt. Dies kann zwar bisweilen einen guten Ausgleich für schlechte Eltern darstellen, aber das hat seinen Preis: Der Mensch verliert sein Ego, ohne dass dieses überhaupt zur vollen Entwicklung gelangen konnte. Das ist etwas ganz anderes, als wenn ein Mensch aus einer erwachsenen Reife heraus sich selbst als immer unwichtiger betrachtet.

3. Chakra – Macht: Schenken und erwerben

Auf dem Gebiet der Macht tritt der inspirierende Aspekt des Wassermanns dann auf, wenn wir es genießen zu schenken oder uns einer bestimmten Organisation oder einem Ideal verschreiben. Diese Eigenschaft bekommt einen bodenständigeren Charakter, wenn wir mit den Schenkungen eine Nebenabsicht verfolgen oder sich dadurch derjenige, der etwas von uns empfängt, verpflichtet. Auf diese Weise wird das Schenken zum Lobbyismus, zum Sponsoring, zum Kauf und Erwerb von Macht. Manche Menschen erschrecken richtiggehend, wenn sie ein solches ›Geschenk‹ empfangen, weil sie spüren, woraus die möglichen Konsequenzen bestehen könnten.

Ein anderes Gesicht des Schenkens auf der Machtebene zeigt sich, wenn wir einem anderen die Schuld zuweisen oder eine bestimmte Verantwortlichkeit aus den Händen geben. Bei dieser Manifestation der Schattenseite spielt ebenfalls mit, dass Menschen ihre eigene Verantwortlichkeit ignorieren und stattdessen vor allem auf Vorwürfe und Schuldmanipulationen zurückgreifen. Ihr eigenes Gesicht verschwindet gerade dadurch, dass sie es aus allem heraushalten wollen. Der Wassermann wird dann zum Pilatus, der seine Hände in Unschuld wäscht.

♒ *4. Chakra – Soziales Leben: Zusammenarbeit und Diskretion*

Das Bild des Wassermanns wird dem Element Luft zugeordnet und als solches ist er in seiner Beweglichkeit und seiner Fähigkeit, sich mit anderem zu vermischen an sich schon ein Achetypus, der von vorneherein sozial ausgerichtet ist. Typisch für flott zusammenarbeitende Managementteams oder Menschen, die sich um einen bestimmten Auftrag herum gruppiert haben, ist die Leichtigkeit, mit der Guthaben und Prämien über alle Mitglieder der Gruppe verteilt werden. Auch bei manchen Fußballspielen beobachtet man, wie anregend es ist, wenn einer dem anderen zuspielt, statt in einem Soloauftritt zu glänzen. Die negative Variante dieser Eigenschaft ist leicht zu erraten: Ebenso wie beim Fußball läuft es manchmal im wirklichen Leben schief, wenn man nicht die eigene Verantwortung auf sich nimmt, also, um beim Beispiel zu bleiben, nicht genügend risikofreudig ist, um selbst ein Tor zu schießen, sondern den Ball lieber einem anderen zuspielt. Im Dienste für die anderen aufzugehen wird dann zu einer Maske für die eigene Feigheit. Ähnliche Vorgänge erkennt man auch in der so genannten Kultur des Konferierens, in der eine Flut von Memoranden verteilt wird und jeder Punkt bis ins Unendliche besprochen wird, sodass jeder seinen Senf dazu geben kann; dies alles geschieht aber auf Kosten der Beschlussfähigkeit und der Identität des verantwortlichen Individuums.

In der partnerschaftlichen Beziehung äußert sich diese Haltung bisweilen in einer Art Ehrlichkeit, die völlig fehl am Platz ist. Die Tugend der Ehrlichkeit wird dann zum gesichtslosen peniblen Beichten herabgewürdigt. Fehler werden eher aus einem Bedürfnis nach Strafe eingestanden, als dass dies der Beziehung dient. Wird aber schließlich doch noch ein Gleichgewicht zwischen Offenheit und Verschlossenheit gefunden, so entsteht die höhere Tugend des Vertrauen-Schenkens und -Empfangens, nämlich die Diskretion.

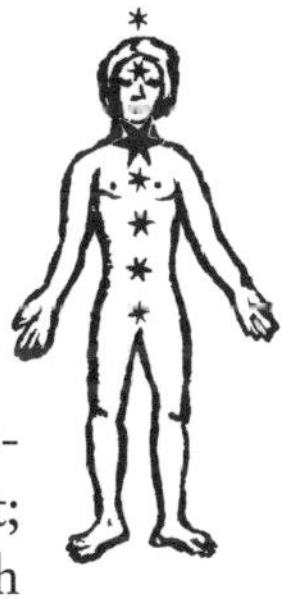

5. Chakra – Individuation: Sich selbst verlieren

Im Grunde ist es ein Paradox, wenn man auf dieser Ebene von dem Auftrag ›sich selbst zu verlieren‹ spricht; gerade im Wirkungsfeld dieses Archetypus ist nämlich die Individuation ohnehin bereits stark mit der Eigenschaft des Sich-Ausradierens verbunden. In anderen Worten: Der Mensch findet darin seine Bestimmung, dass er sich selbst verliert. Charakteristische Biografien dieser Ebene sind z.B. die des hingebungsvollen Sekretärs, der so voller Begeisterung für seinen Vorgesetzten ist, dass seine Leistungen das gewöhnliche Arbeitspensum bei weitem übersteigen.

Ein Schauspieler, der diesen Archetypus perfekt ausdrückt, ist Ben Kingsley, dessen Geburtsname Krishna Banti ist. Egal ob er nun Gandhi spielt oder Isaac Stern, der menschenrettende Helfer von Oskar Schindler oder der unsichtbare, aber integere Vizepräsident in dem Film *Dave,* immer leuchtet er durch strahlende Selbst-Losigkeit. Der Gegenpart dieses Archetypus, nämlich der gesichtslose Henker, wird ebenfalls von ihm gespielt und zwar in Polanskis Film *Death and The Maiden.*

Das Bild des Wassermanns zeigt sich auch in der Intensität, mit der ein Mensch sein Herz und seinen Willen einer anderen Person schenkt, um daraufhin ein Leben lang diesem Menschen treu ergeben zu bleiben. In Goethes Umfeld treffen wir beide Archetypen an: der hingebungsvolle Sekretär Johann Peter Eckermann, der auch noch nach Goethes Tod weiterhin dessen Handschriften entzifferte und die vielen Frauen, die, nachdem sie Goethes Geliebte gewesen waren, nie mehr einen anderen Mann wollten.

Archetypisch sind auch die Frauen von Präsidenten, amtierenden Vizepräsidenten oder die Mitglieder eines Projektteams, die selten Anerkennung einheimsen, obwohl sie eigentlich die Hauptarbeit leisten.

Hingebungsvolle Aufopferung: Johann Georg Eckermann, Goethes Sekretär.

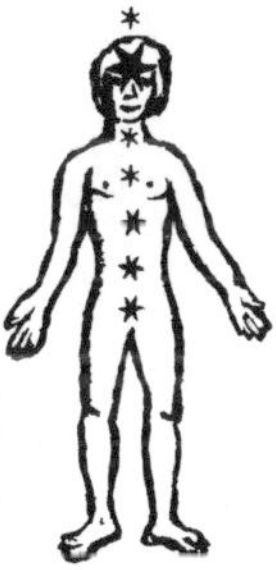

6. Chakra – Klares Denken: Schenken verwandelt sich in ›Fließendes‹

Ebenso wie in der Eiseskälte die Luft eine leichte und reine Qualität bekommen kann, kann sich auf der Ebene des Bewusstseins eine kristallklare Einsicht herausbilden. Häufig wird die Klarheit des tibetanischen Buddhismus mit der Höhe des Himalayagebirges in Verbindung gebracht, die angeblich einen derartigen kristallklaren Gedankengang möglich macht. Auf diesem Niveau verwandelt sich Schenken in Fließendes. Die Hingabe ist dabei nicht länger an irdische Personen gebunden, sondern metamorphosiert sich in eine meditative Fähigkeit. Inwieweit gelingt es einem, sich leer zu machen, um sich von höherer Energie vollströmen zu lassen? Die Schattenseite dieser Ebene, nämlich Mangel an menschlicher Wärme, entsteht durch die kalte intellektuelle Schärfe, mit der zwar über Mitleid philosophiert wird, wo aber die Erfahrung dieses Gefühls nicht länger möglich ist. Einen ähnlichen Mangel an Wärme trifft man in der intellektuellen Klarheit mancher philosophischen oder spirituellen Strömungen an: Das Wasser ist klar, aber eiskalt.

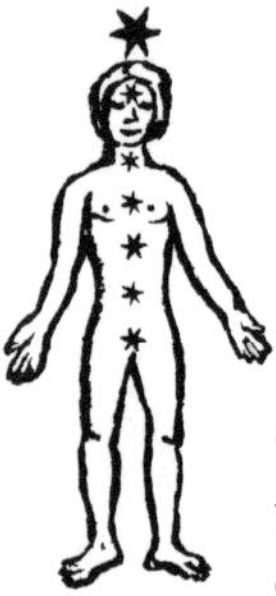

♒ *7. Chakra – Mystik: Hilf uns, deinem Licht Farbe zu schenken*

Gerade weil es sich hier um ein besonders hohes, weil ungreifbares Niveau von mystischer Einswerdung handelt, ist es sehr schwierig, konkrete Beispiele zu geben. Obwohl das Gebet des Vaterunsers alle zwölf Archetypen umfasst, ist die Hingabe, die das ganze Gebet durchzieht, besonders kennzeichnend für die Devotion des Archetyps Wassermann. Einmal habe ich selbst aus lauter Übermut mich an eine Paraphrase herangewagt:

Unsere Quelle geistigen Lichtes,
Warmer Klang von purem Geist
Lass uns vollziehen in der Tat,
Was einmal eins in dir war.
Inspiriere uns täglich in der Nacht,
Erhebe dann all unsere Vergehen.
Zum gegenseitigen Vergeben gib uns Kraft;

Hilf uns, nicht irrezugehen;
Hilf uns, deinem Licht Farbe zu schenken;
Verzehre in uns den Hass.
Denn du bist die Quelle, die Kraft,
Das menschliche Angesicht,
Der Eine über Gut und Böse,
Auf das sich unser Streben richtet.

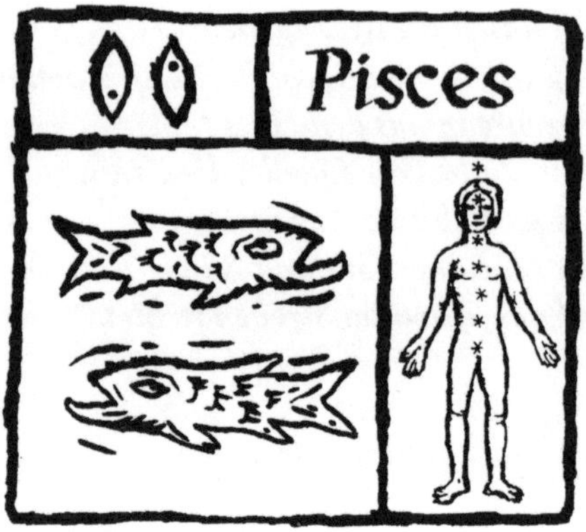

Fische: Zwischen Bindungsangst und Weltentsagung

Das Urbild Fische ist in der Übergangszeit zwischen Winter und Frühling angesiedelt. Das Leben befindet sich noch in einem Traumstadium. Die Natur ist mit neuem Leben schwanger, ohne es selbst zu wissen. Die Fische sind mit dem Urgrund des Daseins, dem ozeanischen Bewusstsein verbunden, aus dem die Schöpfung entstanden ist. Das Naturbild stellt zutiefst unbewusste Vitalität, schlummerndes Wunschleben und elementare Fortpflanzungskraft dar.

Die Ikone hat eine eigene Entwicklung durchgemacht. Die älteste Gestaltung der zwei Fische ist das Yin-Yangzeichen, das eine himmlische und eine irdische Richtung aufweist. Auf arabischen Abbildungen werden die in entgegengesetzte Richtungen strebenden Fische voneinander getrennt dargestellt und durch einen dritten Faktor miteinander verbunden, nämlich der silbernen Schnur. Diese Verselbstständigung des verbindenden Glieds kann man als Ausdruck dessen betrachten, dass die Seele im Laufe der Zeit einen eigenständigen Platz zwischen Körper (zur Erde strebender Fisch) und Geist (zum Himmel strebender Fisch) eingenommen hat. In der westlichen Symbolik werden die Fische nur noch als kleine Halbkreise dargestellt und die silberne Schnur ist eine gerade Linie geworden. Diesen Verbindungsbalken sollte man nicht länger mehr ausschließlich als Brücke zwischen Körper und Geist verstehen, sondern darüber hinaus als Bild des selbstständigen Lebenslaufes zwischen zwei Erscheinungen derselben Quelle, nämlich des ozeanischen Bewusstseins des Weltengeistes. In diesem Sinn wird der menschliche Lebenslauf von der geraden Linie dargestellt und die zwei Halbkreise stehen für das Eine, aus dem wir hervorgegangen sind und in das wir zurückkehren werden.

Essenzielle Charakteristika dieses Archetypus sind: traumverlorene Sehnsucht (nach dem Ursprung, der sowohl in der Vergangenheit als auch in der Zukunft liegt), Durchmachen großer Zyklen, chaotisches Leben, intuitives Bewusstsein, Beweglichkeit, unirdische Schönheit und Großmut. Die sich daraus ergebenden negativen Eigenschaften sind: Schwierigkeiten mit dem Sich-Binden, Ungreifbarkeit (›so glatt wie ein Aal‹) und Unruhe.

♓ *1. Chakra – Grundlegende Lebensprozesse: Ist man willkommen oder nicht?*

Die tiefste Wirksamkeit der Fische hängt mit der Freigebigkeit der Natur zusammen. In negativem Sinn könnte man in der Tatsache, dass von hunderten Millionen weiblichen Eizellen maximal vierhundert zur Reifung kommen, eine Verschwendung sehen, ganz zu schweigen von der großen Anzahl männlicher Samenzellen, die keine Verwendung finden. Die Frage stellt sich nun: Kann man sich als Individuum in einer solch verschwenderischen aber auch zum Zerstörerischen neigenden Schöpfung willkommen fühlen? Und umgekehrt kann man fragen: Heißt du die Welt in deiner Seele überhaupt willkommen? Auf der individuellen Ebene drückt sich diese Geste des Willkommen-Heißens darin aus, ob der Mensch im Schoß seiner Mutter willkommen ist. Auf physischer Ebene wird die nächste Frage sein: Ist der Mutterleib im Stande, die Leibesfrucht zu tragen und festzuhalten? Hier wird die Bindung physisch sichtbar in der Nabelschnur und in der Kraft, mit der die Plazenta an der Gebärmutterwand haftet. Die nächste Aufgabe in diesem Zusammenhang wird darin bestehen: Wie schafft die Mutter es, dass der Vater seine Vaterrolle auf sich nimmt? Ein vielfach auftretender Aspekt in einem vom Fischemotiv gekennzeichneten Lebenslauf ist der, dass ein Elternteil verschwunden oder abwesend ist. Ob dies durch einen tragischen Unfall, Unruhe oder andere Dramatik ausgelöst wurde, bestimmt natürlich die Einfärbung der Situation, immer ist aber auch die Problematik mit dem

Sich-Binden deutlich vorhanden. Die unstete Bindungsfähigkeit kann sich auch in anderen Formen äußern: häufige Umzüge, nicht wirklich interessierte Eltern und starke Unruhe in der Umgebung.

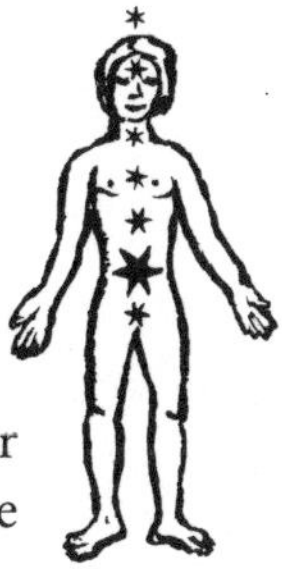

♓ *2. Chakra – Erotik: Intensiv, aber flüchtig*

Auf der erotischen Ebene zeigt sich die Haltung der Weltentsagung in einer sorglosen Liederlichkeit. Die Lebensmaxime ›Jeder soll nach seiner Façon selig werden‹ wird häufig so radikal angewandt, dass es bis zum Missbrauch oder zur Prostitution kommt. Im Markusevangelium spricht Jesus von den zwölf Lastern. Das Laster, das er den Fischen zuordnet (jedenfalls nach meiner Interpretation) ist die Hurerei. Dies kann man am Besten anhand des Phänomens begreifen, dass ein Mensch leichter an seinem Körper herumspielen lässt, wenn er selbst nicht so stark an ihm hängt. Auf diese Weise entsteht die Leichtigkeit, mit der man mit mehreren Partnern hintereinander oder manchmal sogar gleichzeitig dem Liebesspiel frönt. Dies führt zu einer gewissen Mühelosigkeit, mit der Partner ausgewechselt werden, wobei sich die Beziehung je nach Tiefe der Seele auf mehr oder weniger authentische Verbundenheit mit dem Partner gründet. In der Stimmung der Fische bekommt das Liebesspiel einen verträumten Charakter: intensiv und wunderschön im Augenblick selbst, aber flüchtig und schnell vergessen.

Der Geliebte erlangt eine mythologische Dimension: Daphne, die in einen Baum verwandelt wird oder eine Nymphe, die sich in einen Hirsch verwandelt oder Eros, der nur nachts geliebt werden kann. Hier stoßen wir auf die süchtig machende Seite der unmöglichen Liebe: Niemals ist eine vollkommene Befriedigung möglich.

Ein Mensch, der dieses Thema als Leitmotiv hat, ist häufig unirdisch schön und hat einen Blick in den Augen, der deutlich macht, dass er nicht von dieser Welt ist und sich nach dem ursprünglichen Zuhause sehnt. Weil ein solcher Mensch nicht wirklich ins Leben eingebunden ist, spielt er mit seinem Leben und stirbt oft im jungen Alter. Klassische Beispiele sind James Dean und Marilyn Monroe oder die lange Reihe Pophelden, angefangen von Jim Morrison, Brian Jones, Jimi Hendrix bis zu den verschiedenen Todesfällen bei den Red Hot Chili Peppers und natürlich auch Kurt Cobain.

♓ *3. Chakra – Macht: Die Kunst des Ausweichens*

In dem taoistischen Meisterwerk *Die Kunst des Krieges* von Sun Tzu steht: ›Die großen Fische fressen die kleinen, die kleinen müssen also schnell und zahlreich sein‹. Die Macht des Wassers besteht darin, dass es in der Bewegung mitgeht und scharfe Ränder abschleift. Im Boxsport sind es die beweglichen geschmeidig tanzenden Athleten, wie Sugar Ray Robinson und Cassius Clay, die in der Erinnerung bleiben und verehrt werden. In

Das pervertierte Fische-Bild des Kurt Cobain

diesem Gebiet liegt der Ursprung aller Kampfmeditationen der fließenden Bewegungen (wie Tai-Chi, Ringen, Judo, Aikido). Hier handelt es sich um die Kunst des Ausweichens, um die Macht der Wiederholung. In Rom beendete der Senator Marcus Porcius Cato jede Rede, wie auch immer das Thema lauten mochte, bekanntlich mit den gleichen Schlussworten ›Übrigens bin ich der Meinung, dass Karthago zerstört werden muss‹, bis dies bekanntlich auch wirklich eintrat.

Im Alltag äußert sich dies auch in den kollektiven Formen des Ungehorsams, gegen die der Staat ohnmächtig ist: schwarze Nebenverdienste, das Tempolimit auf der Straße leicht überschreiten oder leere Batterien nicht getrennt entsorgen. Auch in der Privatsphäre findet man diesen Aspekt wieder: der Partner, der sich einfach nicht korrigieren oder unter Druck setzen lässt, sondern unbesorgt weiterlebt. Auf einer höheren Ebene hat man es mit einer Art Helden zu tun, die gar nicht zu erpressen sind, weil sie keinerlei Bindung haben, weder an Besitz, noch an Beziehungen oder an das Leben.

♓ *4. Chakra – Soziales Leben: ›Oops, wrong planet?‹*

Im Bereich des sozialen Lebens kommt der intuitive Charakter dieses Sternbildes richtig zur Geltung. Jeder Mensch sucht seine karmische Gruppe: Bist du unter Menschen geraten, mit denen du etwas anzufangen weißt, oder hast du ein Leben lang das Gefühl, auf dem falschen Planeten gelandet zu sein? Letzteres empfindet die Umgebung dann auch oft als schmerzhaft: Zu deiner Gruppe gehört ein netter, empfindsamer Mensch, der aber nach einer Weile, mit größerer Leichtigkeit als du erwartet hast, wiederum ›weiterreist‹. Eine tolle Arbeitsstelle wird ohne weiteres aufgegeben; Partner, Kind, Nationalität, nichts scheint einem solchen Menschen heilig zu sein.

Die Kehrseite der Bindungslosigkeit macht aber alles wieder gut: Freigebigkeit, Schwung, Humor und Positivität. Das große Geheimnis für beide Parteien besteht darin, die innere Dynamik des Archetypus Fische zu akzeptieren: Auf der einen Seite empfängt das soziale Umfeld bisweilen besonders große Beweise von Großmut und Anerkennung, die aber nach einer Weile ganz leicht durch anderes ersetzt werden. Andererseits gilt für einen Menschen, der aus dem Fische-Impuls heraus

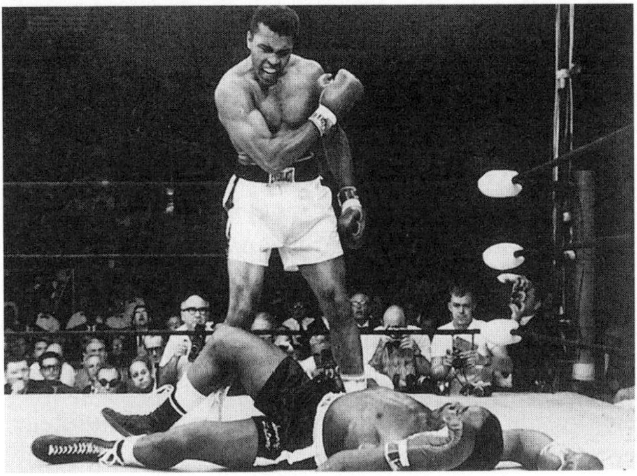

Cassius Clay

lebt, Folgendes: Wie viel du auch geben magst, niemals wird es deiner Umgebung genug sein; Menschen wollen etwas von dir, das du ihnen nicht zu geben vermagst. Sie meinen, dass etwas Dauerhaftes von deiner Person zurückbleiben wird, während dies für dich schon längst wieder Schnee von gestern ist. Wer aus dieser Fische-Thematik heraus lebt, sollte sich allerdings darüber im Klaren sein, in welch starkem Maße er sein eigenes Drama mit sich herum trägt, weil er immer wieder mühelos mit dem Bestehenden bricht. Trotzdem sollte ihm aber auch bewusst sein, wie schön er in seiner Freigebigkeit ist und wie sein eigener kurzer Aufenthalt außer Kummer auch die Erfahrung gebracht hat, dass eine Weile etwas Reines existieren konnte, denn bevor es verderben kann, ist er ja schon wieder weg.

♓ *5. Chakra – Individuation: Ewiger Jüngling*

Auf dieser Ebene stoßen wir auf das paradoxe Problem, dass man gerade dadurch seiner Natur gemäß handelt, dass man sich immer wieder verändert. Ein weiteres Paradoxon ist hier beteiligt: Je mehr man sich ändert, desto stärker bleibt man derselbe. Hier haben wir es mit dem Puer Aeternis zu tun: der ewige Jüngling. Indem sich ein Mensch ständig von seiner eigenen Vitalität tragen lässt, bleibt er jung. Beim Älterwerden aber bekommt eine solche Gestalt auch etwas Tragisches. Eine Reihe von Opfern ist nicht gebracht worden: In einem gewissen Sinn hat das Leben ihr nicht genügend zugesetzt. Darin besteht aber auch gerade die Spannung. Sollte man sich etwa verhalten wie all diese Vorbilder von Menschen, die es sich zwar behaglich eingerichtet haben, dafür aber wie tot wirken? Immer geht es darum, einen Mittelweg zwischen zwei Übeln zu finden: ein alternder Hippie zu werden oder ein bürgerliches total ausgelaugtes Wrack. Ein Läuterungsprozess, der zwar schmerzhaft ist, aber den Menschen wirklich verwandelt, besteht in der tiefen Kontemplation über die Vergänglichkeit; nicht flott über alles hinwegreden, sondern wirklich den Schmerz des individuellen Lebens, das allmählich verloren geht, empfinden, bevor man in das Bewusstsein der großen Zyklen zurückkehrt.

♓ *6. Chakra – Klares Denken: Vergänglichkeit aus einer gewissen Perspektive betrachten*

Die Fische bieten also die Möglichkeit, die Vergänglichkeit auf ein höheres Niveau zu heben und aus einer gewissen Perspektive heraus zu betrachten. Jemand, der die Nichtigkeit des Daseins zur höchsten Kunstform erhoben hat, ist der niederländische Künstler und Programmgestalter Wim T. Schippers. Sein Motto lautet: Das Leben ist eine Aneinanderreihung von Nichtigkeiten und alles, was ich tue, könnte ich ebenso gut lassen. Einmal wurde sogar das Parlament damit befasst anlässlich eines sinnlosen Rituals, das von Schippers vollzogen wurde: Eine kleine Colaflasche wurde ins Meer geleert. Als er gefragt wurde, warum er denn keinen Selbstmord beginge, da alles doch so völlig sinnlos sei, antwortete er: ›Weil ich damit den Eindruck erwecken würde, dass vielleicht im Leben doch noch etwas von Bedeutung wäre.‹

Komischerweise führt die entgegengesetzte Anschauung, nämlich eine Art Spiritualität, die alles mit allem in Verbindung bringt, die also versucht, alles geradezubiegen oder zu glätten, ebenso sehr zu einer großen Leere. Ein Beispiel der Fische-Energie ist die Philosophie von Oibibio – später Oininio –, eine Initiative, die es mittlerweile schon nicht mehr gibt. Den Namen wählten die Initiatoren wegen seiner Symmetrie und weil alles, was sie vorhatten, neu und ungreifbar sein sollte. Konto- und Telefonnummer wurden ebenfalls auf Grund ihrer

Schönheit und Ungreifbarkeit gewählt. Auch der Gründer Ronald Jan Heijn ist schön aber ungreifbar. Neuerdings erklärte er zusammen mit seiner Frau im Fernsehen, wie man Abstand von den Dingen gewinnt und wie schön sie dann sind. Recht hat er, aber gleichzeitig stellt sich die Frage: Gleitet der Mensch ungerührt durch Zeit und Raum oder hat er nicht doch während seiner Reise einige Leiden zu bestehen? Das große Geheimnis des Lebens scheint darin zu liegen, dass der Mensch die Balance findet zwischen den Momenten, in denen er sich in völliger Entsagung vom dahinfließenden Strom tragen lässt und den Momenten, in denen eine Stagnation droht oder solchen, in denen er sich bindet oder sogar gekreuzigt wird.

♓ *7. Chakra – Mystik: Religion des Erlebens*

Im Sternbild der Fische finden sich die verschiedenen Mythologien: das Fließende des Taoismus, die großen Zyklen des Hinduismus, die Weltentsagung des Buddhismus, das große Leiden des jüdisch-christlichen Glaubens und auch der Islam. Beherrschend dabei ist die Spannung zwischen buddhistischer Selbsterlösung und christlicher Gnade; der Buddhismus versucht, dem Leiden zu entkommen, während das Christentum das Leiden hegt und pflegt. Die persönliche Aufgabe des Menschen besteht darin, eine eigene Position zu finden zwischen dem Gefühl der Hingabe und der Neigung zum Widerstand gegen Schmerz und Leiden. Die Gegenpole scheinen sich in einer Religion des Erlebens begegnen zu können: dasjenige wahrnehmen und erleben, was du auf deinem Weg antriffst und was die Sinne berührt, also einfach das leben, was dein Schicksal ist. Irrtum und Widerstand befinden sich nicht außerhalb der Ordnung; im Gegenteil, es sind vielmehr Bestätigungen des menschlichen Lebens, das sich seinen eigenen Weg sucht.

Manfred van Doorn

Universal Man

Urmotive der menschlichen Biographie
302 Seiten, kartoniert

Manfred van Doorn entschlüsselt einige der großen Themen, die in der menschlichen Biographie eine entscheidende Rolle spielen. Durch die umfassende Zusammenschau von psychoanalytischen, esoterischen und körperzentrierten Ansätzen entsteht ein faszinierendes Panorama der universellen archetypischen Grundmuster, die unbewusst das Leben eines jeden Menschen prägen.

Sexualität

zwischen Geist und Sinnlichkeit
124 Seiten, kartoniert

Die Sexualität gehört zu den großen Paradoxien des menschlichen Lebens. Einerseits spielt sie sich ganz im körperlichen Bereich ab, andererseits gehört sie zu den höchsten geistigen Wirkungskräften, die sich im Menschen offenbaren.

Der Schlüssel liegt im Dunkeln

Folgen des Zweiten Weltkriegs im Schicksal der Verstorbenen
72 Seiten, kartoniert

In zwölf Monologen lässt Manfred van Doorn Verstorbene auf ihr vergangenes Leben zurückblicken.

Urachhaus